幼儿园人力资源管理
实战手册

HR

练集财 著

中国农业出版社

图书在版编目（CIP）数据

幼儿园人力资源管理实战手册／练集财著．—北京：
中国农业出版社，2015.11（2023.2重印）
ISBN 978-7-109-21057-8

Ⅰ.①幼…　Ⅱ.①练…　Ⅲ.①幼儿园-人力资源管理
-手册　Ⅳ.①G617-62

中国版本图书馆 CIP 数据核字（2015）第 255909 号

中国农业出版社出版
（北京市朝阳区麦子店街 18 号楼）
（邮政编码 100125）
责任编辑　张　志
文字编辑　黎春花

中农印务有限公司印刷　　新华书店北京发行所发行
2016 年 1 月第 1 版　　2023 年 2 月北京第 2 次印刷

开本：787mm×1092mm　1/16　印张：10
字数：150 千字
定价：38.00 元

序 言 | Preface

人力资源管理中"道"与"术"的结合

世间万事的管理工作，离不开人、财、物三方面，这当中"人"的管理是第一位的，是决定性因素。正如作者所言，"人是管理的核心内容，也是管理中最有活力、最积极的因素"。

作者根据自己多年工作经验，结合幼儿园的实际特点，围绕人力资源管理中"道"与"术"的关键问题，对如何做好"幼儿园人力资源管理"工作，为广大学前教育工作者提供了一份饕餮大餐。

一、管理有"道"

（一）管理有道，要遵循规律

遵循事物自身的发展规律，遵循人的发展成长规律，遵循辩证法，遵循国家的法律法规、方针政策，遵循行业特点等。我们是一个法治国家，要营造和谐社会，建设有中国特色的社会主义，实现伟大的"中国梦"，就必须重视人力资源管理工作。按规律办事，依法办事，是做好人力资源管理的前提与保障。

（二）管理有道，就是对"管理者"要有准确的定位

管理就是服务，人力资源管理就是为被管理者服务，被管理者是管理者的衣食父母，是"上帝"。人力资源管理工作的过程就是管理者如何做好为被管理者服务工作的过程。正如作者所言，"人力资源不是搞定员工，作为一个人力资源管理者，先要学会如何搞定自己"。搞定自己就是摆正位置，自己要成为各项规章制度的模范执行者。

管理者与被管理者在人格上是平等的，有的只是工作分工不同。尊重每一位与你共同奋斗的合作伙伴，为他们得到应有的利益而甘于奉献，

不怕自己"吃亏"。时刻牢记：依靠大家办事，"我们"比"我"更重要，"服务、平等、尊重、奉献"是合作共赢的基础。

二、管理有"术"

"术"就是方法，只有正确的指导思想，不知道人力资源管理工作的内容，不知道工作对象的特点，不知道应该采用哪些好的方法……这是达不到预期目标的。

（一）管理有术，首先要清晰了解人力资源管理的工作内容

作者对人力资源管理工作的介绍丰富而细腻，从如何选人、如何用人、如何培养人等多方面都给予了说明。书中列举了大量案例和实用表格，介绍了人力资源管理中每一项工作的任务与要求、方法与步骤、问题与对策，内容详尽，具体明确。规范性强、实操性强，这是本书极为突出的特点。按书中要求，一步一个脚印地做，就能胜任人力资源管理工作。

（二）管理有术，要结合本单位的人力资源特点

女性员工多，90后女员工多，这是幼儿园人力资源管理的突出特点。从实际出发，认识人力资源管理的特殊性，采用符合其特点的策略和方法，才能收到事半功倍的效果。

作者分析了90后幼儿园老师的时代特征，分析了女员工的心理、生理、情感特点和行业优势。提出设立"师徒制"，号召管理者"针对女性背负家庭、事业双重负担的情况，应多一些理解和宽容，设身处地为女员工着想"。字里行间充满对员工的尊重与热爱，充分体现了人力资源管理工作中的"人文关怀"理念。

（三）管理有术，应该有科学的方法

运用科学理论认识人、分析人的心理活动，了解每个人不同的需求，努力满足合理需求，才能正确解决人与人之间的各种矛盾，做好人力资源管理工作。

作者在书中介绍了美国心理学家亚伯拉罕·哈罗德·马斯洛提出的"需要层次"理论、美国的行为科学家弗雷德里克·赫茨伯格提出的"激励理论——保健因素理论"、北美著名心理学家和行为科学家维克托·弗鲁姆教授的"期望理论"、美国管理心理学家、行为科学家亚当斯教授的

"公平理论"和美国哈佛大学教授戴维·麦克利兰"成就需要理论"，些都是人力资源管理工作十分重要的内容和必须遵循的指导思想。

　　我国有悠久的中华文明，包含丰富的管理经验宝藏，是我们取之不尽的财富。在学习运用国外优秀管理理念的同时必须学习吸收我国传统精髓。这样才能做到：知人善任，确立现代人才观；充分信任，确立正确教师观；任人唯贤，确立先进管理观；多元评价，确立科学评价观。

　　幼儿园人力资源管理是提升教师素质和园长管理水平，促进行业发展的法宝。幼儿园人力资源管理工作是一项非常重要的工作。《幼儿园人力资源管理实战手册》是一本"道"与"术"相结合的好书，是幼儿园员工管理工作的好教材。

中国民办教育协会副会长
学前教育专业委员会理事长　　杨志彬

2016 年 1 月 1 日

目　录 | Contents

第一章
引　子

　　管理就是服务，人力资源管理就是为被管理者服务的过程。人力资源管理的目的不是搞定员工，作为一个人力资源管理者，先要学会如何搞定自己。搞定自己就是摆正位置，自己要成为各项规章制度的模范执行者。

伊伊幼儿园经过十年的发展有了六家幼儿园，创办人决定成立专门的人力资源部门。三个月前从外面引进了一位人力资源主管，但因行业不了解、"水土不服"而离开了伊伊幼儿园。幼儿园是学校又不是学校，是企业又不是企业。创办人谭总的朋友 E 顾问是人力资源咨询公司的咨询专家，他建议在幼儿园内部提拔一位优秀老师脱离一线工作，专门从事人力资源管理工作，由 E 顾问来指导。谭总请教 E 顾问：什么员工适合担任幼儿园人力资源主管，E 顾问的答复如下。

幼儿园的人力资源主管不一定是全职来做人力资源管理的专业人员，有的是幼儿园的园长本人，有的是办公室行政人员兼任，但不管怎么样都应具备这些素质。

1. 外向性格，具较强亲和力，善于倾听，具有全局观念。

2. 有追求成功的愿望，能想方设法把事情做到最好。

3. 充满正能量，有一颗能够爱人的心，这样才会给能者上升的空间，给自己进取的机会。

4. 有客户服务的意识，有良好的沟通能力和表达能力。

5. 人际关系方面有左右逢源的本事，能保持融合状态，激发工作热情。

6. 掌握一定的心理学知识，具有较强的情绪管理能力。

7. 具备良好的写作能力、组织能力和观察能力。

8. 具有团队合作的意识，了解人性，善于激活团队的气氛。

经过观察，谭总发现苹果班的 MIMI 老师很有潜质。MIMI 老师学前教育专业毕业，在一所幼儿园工作四年后结婚随老公到了沿海地区，曾在一家服装专卖店做办公室内勤二年。现回到家乡，发现还是幼儿园的工作比较适合自己。一年前她来到伊伊幼儿园担任班主任一职。当谭总找到 MIMI 老师谈话要调她到办公室负责人力资源时，MIMI 老师一开始也有顾虑，怕做不好。谭总让她不要担心，告诉她机构会请一位资深的人力资源管理专业家 E 顾问全程指导，于是 MIMI 老师接受了这份工作。谭总约了 E 顾问来幼儿园就如何辅导和开展人力资源管理的工作进行探讨，谭总请教 E 顾问如何管理员工，如何搞定员工。E 顾问笑了起来说："人力资源不是教大家搞定员工的，做一个人力资源管理者，先要学会如何管理自己，人力资源工作者就相当于军队的指导员、政委，是一个组织中很重要的思想工作者。我这带了一份《幼儿园人力资源主管的角色》的文件，先让 MIMI 老师熟悉熟悉。"

一、服务者和监督者角色

在日常工作中，一方面，人力资源主管所管理的内容要通过各班级或各园贯彻下去，并通过各班级或各园进行信息反馈。人力资源管理的服务功能决定了其他职能部门都是其服务对象，所以应树立良好的服务意识，为幼儿园全体教职工提供优质的服务；另一方面，人力资源主管还担负着各班级或各园员工关系处理和监督的任务。

二、自律者和示范者角色

幼儿园人力资源主管在管理的过程中，应该严于律己，同时把律己的影响力辐射到周围。让幼儿园教职工们感受到，人力资源管理者既是一个组织中人力资源管理制度与政策的制定者，同时又是模范的执行者，以便在部门中真正起到鼓舞作用、吸引作用、导向作用和榜样作用。

管理小贴士

● 要了解幼儿园教职工关心什么，需要什么，并尽力满足他们的合理要求。

● 要想赢得教职工的尊重，首先要尊重下属，要懂得你的权威不在于手中的权利，而在于他们对你的信服与支持。

● 要学会利用各种机会和方式使下属清楚：你知道他们干得是好还是坏。

● 做到从内心深处喜欢幼儿园所有的人。

三、运动员与教练员角色

既要像运动员那样，和全体教职工一起朝着共同目标努力冲刺，又要像教练员一样，随时对教职工给予指导和帮助。

管理小贴士

● 依靠大家办事，经常提醒自己："我们"比"我"更重要，如开会不搞一言堂，引导大家集思广益。

● 不是去管理教职工的行为，而是要争取他们的心。生活中要平易近人，和教职工打成一片，走入他们的生活。

● 帮助教职工设定目标，教练就是要引导运动员不断突破目标。因为如果教职工看不到自己的前途，就没有干劲。

MIMI 老师拿了这份资料觉得自己还有很多方面要提升，但想到有 E 顾问做指导就踏实了。正好学前教育协会发了一份《幼儿园人力资源发展》的文件，她开始全面了解人力资源管理领域。

第二章
幼儿园人力资源管理概述

在幼儿园管理活动中，所涉及的资源有时间、空间、财力、物力、人力、信息等，但其中最重要的是人力。人是管理的核心内容，也是管理中最有活力、最积极的因素。

人力资源管理最初只是人事管理，是在工业企业中总结发展起来。到 20 世纪 80 年代，人力资源管理逐步替代人事管理成为主流。随着幼儿园规模化的发展，幼儿园也要借鉴科学管理的方法，有物品管理、财务管理、信息管理、目标管理、财务管理等，自然就有了幼儿园的人力资源管理。人们越来越认识到要办好幼儿园，仅凭经验是不行的，还必须进行科学管理。在幼儿园管理活动中，所涉及的资源有时间、空间、财力、物力、人力、信息等，其中最重要的是人力。人是管理的核心内容，也是管理中最有活力、最积极的因素。与传统的人事管理相比，人力资源管理有其特殊的管理理念和管理特点。

一、知人善任，确立现代人才观

现代管理思想强调人是管理的核心，离开了人的作用，管理目标就不能实现，也就无所谓管理了。幼儿园各项工作质量的高低都取决于人，取决于教工队伍的素质。幼儿园管理者不可能样样都精通，但一定要具备知人善任的能力和气度。园长要用全面发展的眼光看待人才，不拘一格使用人才，把握时机，委以重任，为他们创造脱颖而出的机会和条件。

现代社会需要高素质的人才，园长应该确立新的现代人才观，重视人才的培养，有计划地让教师系统地学习。指导教师吸取新的教育科研成果，并把它运用到自己的教育实践中，总结出新的教育教学经验；组织教师开展读书活动，引导教师学习教育理论专著，转变教育思想，更新教育观念；组织全体教师积极开展教育课题研究，撰写学习心得，展示教学基本功等。在实际工作中培养和锻炼教师，不断加强其适应社会发展需要的各种能力。特别是当前科技信息时代，园长更要利用现代资源为保教服务，注重教师现代科学技术的培训，让每个教师都掌握现代科学技术，培养一支既有现代知识结构又能适应现代化教育需要的人才队伍。

二、充分信任，确立正确教师观

在幼教工作第一线的老师是园所幼教工作的直接执行者，对于园所保教质量的提高更是起着至关重要的作用。因此，能否采取行之有效的措施，帮助他们树立自信心，充分发挥他们的主人翁意识，促进他们各方面能力的提高，建设一支高素质的教工队伍，是幼儿园管理工作是否有效的一个重要的表现。

现在，幼儿园里的年轻教师中有许多是独生子女，他们照顾自己的能力尚较欠缺，刚走上工作岗位，照料四五岁的孩子，更是容易出现这样或那样的情况。如：幼儿玩水湿了衣服，老师没给换而招来家长意见，幼儿摔跤蹭破了皮，老师忘了交代家长等。对于刚刚走上工作岗位的"大孩子"，应将对其的管理与培养结合起来。首先，园长应给他们自己总结教训的机会，包容他们在工作中的过失。此外，园长可以组织青年教师与老教师交流，以老带新，发挥老同志的传帮带的作用，还要帮助青年教师自己总结经验，使其逐步成熟，树立起自信心，尽快地成长起来。

在日常工作中，如何对待有错误、有缺点的员工，也是管理工作中常常遇到的问题。"金无足赤，人无完人"，幼儿园园长不要总是抓住他们的缺点不放，要善于捕捉每一位教职工的闪光点，用全面发展的眼光看待人才，不拘一格使用人才。注意才职相当，人事相配，扬长避短，充分信任，用而不疑，优势互补，形成合力，提高领导效能。对这类教师的管理还应加强思想教育，强化职业道德规范，加强其职业荣誉意识。只有这样，才能激发职工的内在动力和自信，调动他们的积极性、主动性，并达到优化组合，进而使幼儿园的管理更有效。

三、任人唯贤，确立先进管理观

建设一支优秀的教师队伍，是有效开展幼儿园工作、促进保教质量提高的重要手段。而要建设一支优秀的教师队伍，就必须注意调动各个层次教师的工作积极性，发挥全体教师的作用，给全体教师以公平锻炼和参与的机会。每一个幼儿园都有一些骨干教师，他们在幼儿园教学工作中担负重任，在一些比赛中为幼儿园争得荣誉。骨干教师固然是幼儿园保教质量的切实保证，但是非骨干教师的工作水平同样也会影响到幼儿园的保教质量。因此，幼儿园在大力发挥骨干教师作用的前提下，应给予其他教师以更多的锻炼机会，保证全体教师的共同成长和发展。只有这样，才能最终促进幼儿园各项工作的有效开展。

有的幼儿园在教师管理上采取了分层次的方式，即把全园教师按照日常工作表现、工作能力等加以区分，经由班子会—园务会—教代会的流程，集体讨论确定骨干教师和非骨干教师。对区骨干教师和市骨干教师有区别地培养，并且，园里给予他们更多锻炼实践、大型观摩、参与科研等的机会。最初，园内确立的骨干教师在待遇上与非骨干教师相同。但在骨干教师取得一定成绩后（即获得上级有关部门的奖励等），在待遇上就得做适当调整。确立的骨干教师并不固定，一段时期后再根据表现等重新予以调整。这种管理方式体现了任人唯贤的用人原则，远优于过去流行的"教龄型"用人原则。这种打破教师岗位待遇的"资格论"（即教龄长的教师工资高）的做法，能调动起广大青年教师和有能力之人的工作热情和积极性，也能对一些抱有"倚老卖老"想法的老教师起到敲警钟的作用，促使他们不断反省、发展。而且这种动态的任用机制也达到了教师在竞争下求进取、在压力下促提高的目的，全园的整体师资水平也就随之提高了，进而促进了全园保教质量的提高和办园水平的提高。

四、多元评价，确立科学评价观

对教师的评价是幼儿园管理工作中的敏感话题，也是幼儿园人力管理的一个重要内容，处理得不好可能会降低教师的工作热情，甚至会影响同事、上下级关系。而科学合理的评价既有利于教师行为的改变、整体素质的提高，又可以减少园长在管理工作中的盲目性、随意性，从而提高管理水平和保教质量。针对教师建立一个科学的多元化的评估制度是十分必要的。多元化的评估制度包括评价主体、评价方法、评价功能、评价标准等方面的多元化。其中，评价主体多元化是指对教师的评价既包括领导、专家的评价，还要考虑到家长、幼儿对教师的评价；评价方法多元化，是要形成以形成性评价为主，纵向评价、适度的横向评价、自评与他评等多种方法相结合的多元评价结构；评价功能多元化，是对教师的评价要由一个点拓展到全方位、多层面，用动态的眼光来看教师的发展；评价标准多元化，要求评价从单一走向多维，从静态走向动态。

第三章
幼儿园人才甄选

无论对于大型幼儿园还是小型幼儿园，人才是幼儿园成功的关键。招聘到合适的幼儿园教师，意味着幼儿园拥有了更高的工作效率和社会效益；招聘了不当的幼儿园教师，则会损害幼儿园的声誉，最终还会威胁到幼儿园的生存。

第一节　招聘决定经营的成败

MIMI 老师开始了新的工作，正式接手人力资源工作。首先她把教职工档案整理了一下，发现有很多人的档案都不全，又把相关的人事制度汇总了一份。另外，谭总说下半年要开一所新园，现在要开始招聘储备人才，做一份招聘计划书。

MIMI 老师将原来的《员工登记表》做了一下调整，将应聘表与入职登记表合二为一。

伊伊幼儿园员工登记表

应聘职位：＿＿＿＿＿＿　　　填表日期：＿＿＿＿＿＿　编号：＿＿＿＿＿＿

姓名		性别		出生年月			民族		
身高		政治面貌		学历		婚姻状况		一寸免冠照片	
家庭住址				身份证号					
目前住址				技术职称					
外语水平			计算机		目前状况	在职（　）待业（　）			
联系电话				E-mail					
工作地点要求	1.　　　　2.			是否服从调动		何时能上岗			

家庭成员	称谓	姓名	年龄	工作单位		户口所在地		联系电话	

学习及培训	起止时间	学校或培训机构		专业/内容		脱产/在职	

工作经历	起止时间	工作单位	职务	月薪	离职原因	证明人	联系电话

以上所填写各项可否到原单位调查：□可　　□不可

（续）

自我简评（性格、爱好、特长、优缺点等）：			

1. 自认为最适合干什么类型的工作？ _____
2. 你的职业定位和职业展望？ _____
3. 你对幼儿园有何要求和期望？ _____
4. 试用期最低薪金要求_____ 转正后期望月薪_____ 食宿要求_____ 其他_____

人事部评述 □推荐复试 □可能保留 □不予考虑 签字_____	入职审批
用人部门意见：□建议录用 □储备 □不予录用 签字_____	
备注	

注：本人慎重声明以上所填各项均属确实，如有虚报或隐瞒情形，接受解聘/开除处分。

本人签名：_____

对于具体如何开展招聘工作，还是要请教一下 E 顾问，于是 MIMI 老师打电话给 E 顾问约好想前去拜访。不巧 E 顾问出差在外地，不过他说："正好这周六，我们机构会到一所高校做招聘，你可以和我的助理小张一起去了解一下校园招聘。"对于幼儿园行业来说校园招聘是一块重点，MIMI 老师参加工作的第一份工作，当年就是一家幼儿园到她学校招聘时谈妥的。

周六早上，MIMI 老师来到大学，在大学指定的教学楼入口处两边已经排满了宣传展架。其中有一个展架就是 E 顾问的教育管理公司的。她注意到了有几个要素。

1. 公司介绍（成立时间、规模、获得的荣誉、公司网站）；
2. 招聘岗位（简单的描述、必备的任职资格、薪金和福利信息）；
3. 公司员工生活的图片；
4. 本次面试的地点。

按照上面标注的地点，MIMI 老师来到了 E 顾问管理公司的展台。MIMI 老师看到在展台的背景上有张写真的招聘宣传，展台前还摆了一台笔记本电脑专门播放公司的 VCR。张助理对待每一位应聘者都很亲切友好，有时展台前人少时，还主动与走过的人打招呼。到了中午，招聘会渐渐结束时，展台收到了一大叠的简历。MIMI 老师向张助理请教，为什么我们的展台人气比别人旺？张助理分享：现在招聘市场进入二极分化不对等的时代，用人单位需要的人很难招到，但又有许多人找不到工作，确切地说是找不到自己喜欢的工作。这跟现在人的价值观有很大关系，有太多选择有时候也不是好事，所以现在**招聘工作也是销售工作**。MIMI 老师惊讶：招聘工人也是销售工作？张助理继续分享：

1. 推广机构的形象，无论何时都不要忘记宣传幼儿园形象，我习惯性地会让应聘者做个自我介绍，接着我也会用两分钟介绍一下我们公司。

2. 对待应聘人员一定要亲和，有时要像做推销一下，主动打招呼。

3. 人都有从众心里，展台前人越多，应聘者越多。当展台前人少些时，就可以与应聘者交流时间长些，不要让展台冷场。

4. 我们穿着也要职业化，因为这代表机构的形象。

5. 招聘岗位不要太单一，比如这次只招聘幼师岗位的，如果只写招聘幼师，也许展台前就会很冷清。因此可以把储备人才的岗位也写上去，如行政助理。

这里还有一份详细的资料是 E 顾问要我转交给你的，有更加系统的招聘相关知识！

MIMI 老师觉得今天过来真是太受益了，非常高兴。招聘会进入尾声，MIMI 老师告辞张助理，回到家中急着阅读 E 顾问的资料。

第二节　用错人等于吃错药

每个园长对幼儿园的未来都有自己的构想，而幼儿园教职工招聘录用决策则是实现构想的一个重要组成部分。无论对于大型幼儿园还是小型幼儿园，好的聘用决策都是幼儿园成功的关键。招聘到合适的幼儿园教师，意味着幼儿园拥有了更高的工作效率和社会效益，招聘了不当的幼儿园教师，则会损害幼儿园的利益，最终还会威胁幼儿园的生存。

一、为什么聘用合适的幼儿园教职工很重要

我们思考一下，开办幼儿园最大一块成本是什么呢？肯定是人工成本。从本质上说，招聘到的幼儿园教职工组成了幼儿园，而幼儿园教职工怎么工作决定了幼儿园的前途。挑选幼儿园教职工就好比盖房子，如果材料选得好，施工起来会十分顺利；相反，如果材料选得不好，施工时就不得不花额外的时间、精力和资金。幼儿园教职工招聘不当，会导致有形和无形两种损失。低质量的筛选和录用结果会对其他教职工的工作士气产生消极影响，由此引起的家长不满也会给幼儿园带来损失。如果幼儿园招聘了太多这样的教职工，并且这种情况持续很长时间，则幼儿园的生存都会成问题。

因此，寻找合适的幼儿园教职工是一种无价的时间投资。不良的幼儿园教职工会造成各种负面影响，而优秀的幼儿园教职工就能够增强幼儿园的影响力。他们是幼儿园的活广告，不但促进幼儿园的持续发展，而且吸引更多的优秀人才加盟幼儿园。另外，好的幼儿园教职工还能使管理者的工作更为轻松，因为可以放心地授权给他们。

很多园长认为现在幼儿园教职工到处都缺，都是他们在选择幼儿园，也有人认为对幼儿园教职工的招聘是一种赌博。但事实上，在寻找并聘用合适幼儿园教职工方面，一方面可以通过一些技巧吸引到合适的人才，另外可以通过一些方法和工具提高园所的招聘效率。

招聘前请思考以下几个问题：
- 评估是否需要一名新教师；
- 开发以工作结果为导向的岗位说明书和工作规范；
- 吸引大量有能力的应聘者；
- 运用各种工具和技术来测评和面试合格的幼儿园教职工。

二、招聘前进行岗位分析，制定岗位说明书和工作规范

《岗位说明书》是一切人力资源管理的基础。

在招聘合适的幼儿园教职工之前，我们需要先对工作有确切的了解。通过岗位分析可以做到这一点。利用在岗位分析中获得的信息，可以编写成一份岗位说明书以及一份说明该工作需要哪些知识、技能、能

力的工作规范。这些工具有助于把最符合条件的应聘者吸引到幼儿园来。从岗位分析中得到的信息还可以帮助确定恰当的岗位名称、岗位工资和福利。

岗位分析用于研究这项工作本身到底需要做什么。在这个过程中，不要考虑从事这项工作的人需要具备什么特点。事实上，如果分析的是一个已存在的工作，应该尽量忘记当前做这项工作的人的特点。岗位分析的目的在于确认任何人从事该项工作时的职责是什么、需要完成哪些任务，并明确说明该工作的条件，如上下级报告关系、出差要求等。

如果要分析的是一个新岗位，那么可以通过这一过程从零开始设计这项工作。如果你要分析的是一个已经存在的工作，应当通过观察或与当前幼儿园教职工交谈而获取信息。你会发现其他幼儿园教职工对你的分析工作很有帮助。如果他们也从事相似的任务，他们就可以帮助你确定这项工作需要的时间和技能，帮助你确定你对这项工作的预期是否现实以及这一工作岗位如何与整个生产过程融为一体。

另外，让其他幼儿园教职工参与到岗位分析的过程中也十分重要，或许他们对完成这项工作需要花费的时间以及这项工作如何与幼儿园中其他工作相衔接有更好的理解。如果幼儿园没有岗位分析表，可以将下面这张表格分发给员工填写。

岗位职责分析表

一、基本信息	
姓名：	填写日期：　　年　月　日
职务名称：	所属部门：
二、调查信息	
1. 请简洁列举你的主要工作内容（若多于10条可以附纸填写，下同）：	
（1）	（2）
（3）	（4）
（5）	（6）
（7）	（8）
（9）	（10）

19

（续）

2. 请认真详尽地描述你的日常工作（如果有工作日志，请附后）： （1） （2） （3） （4） （5）
3. 请详尽地列举你有决策权的工作项目：
4. 请详细地描述你在工作中需要接触到哪些职务的其他员工，并说明接触的原因：
5. 请列举工作中需要用到的主要办公设备和用品：
6. 你认为什么样的性格、能力的人能更好地胜任该职位？
7. 你认为什么样心理素质的人员能更好地胜任该职务？
8. 请将该表没有列出，但你认为有必要的内容写在下面：

这张表格收回后就有了园所已有各个岗位的岗位分析。我们参照下面这张《班主任岗位说明书》将幼儿园所有的岗位说明书都做出来。

班主任岗位说明书

A 版：CZ/HR—001

职务名称	班主任		直接上级		园长
编　制		审　核		批　准	
岗位职责					
序号	工作内容		工作标准		

（续）

1	全面负责本班教育和保育工作	1. 根据《纲要》精神，制定幼儿园培养目标和园务计划 2. 遵循幼儿身心发展规律，结合本班幼儿特点，制定班级保教工作计划
2	组织幼儿一日活动，促进幼儿全面发展	能进行个别教育，研究改进本班工作，详见一日工作流程
3	为幼儿提供安全舒适的生活环境，防止意外事故的发生	1. 安全预案的书写 2. 防止幼儿安全、火灾、盗窃等事故的发生 3. 向本班教保人负责安全保育教育
4	协助园长做好本班人员的思想工作	1. 每周一班务会议 2. 及时传达幼儿园精神与决定，团结同事，沟通思想，交流情况，统一教育方法，实现教育一致性 3. 合理分配工作任务
5	创编教材，制作教玩具，不断提高业务水平	1. 参加教研、科研活动及业务学习 2. 积极创编教材，给各种教育杂志投稿，制作教玩具，不断提高业务水平 3. 掌握听课、说课、评课的方法
6	家长工作	1. 热情接待，了解幼儿家长的基本情况及家庭教育情况，处理好家长投诉 2. 每学期安排2—3次家长活动 3. 定期召开家长会、家长开放日活动，办好家长宣传栏 4. 安排好每学期对幼儿进行两次家访 5. 指导家庭教育 6. 每周向家长反馈一次家园联系本 7. 新生入园第一周每天电话家访
7	班级财产、物资管理工作	1. 对班级财产登记 2. 全班财产管理（包括教具、教学用品）
8	全园幼儿接送的安排	遵守《接送车管理制度》
9	招生工作的开展	1. 协助招生部门达到本园标准人数 2. 协助全园特长班的招生工作开展
10	幼儿园环境创设	1. 自然角、主题墙及家园联系栏作品栏的创新、更新 2. 每周周计划表张贴

（续）

11	幼儿大型集体活动组织	运动会的组织、六一活动组织、毕业典礼组织、户外活动等
12	临时交办的其他工作任务	按时、按质完成

任职资格要求					
生理要求	年　龄	20~50 岁	性　别	不限
	身　高	1.56 米以上	视　力	0.5 以上
	听　力	良　好	外　貌	形象良好
	口　语	普通话标准流利，声音甜美	健康状况	良　好
知识技能要求	学　历	中专及以上		
	工作经验	从事幼儿园教育工作三年以上		
	专业背景	幼儿教育/音乐/舞蹈等专业		
	英文水平	三级以上		
	计算机	能熟练操作基本的办公软件，打字速度达 50 字/分钟以上		
能　力	口头表达	谈吐大方，口才良好		
	文字表达	能拟制较高要求的报表、报告及各种应用文		
	沟通能力	一定的应变、协调、沟通能力		
性格特征、兴趣		细心、热情大方、积极、主动、兴趣广泛，有良好的服务意识		
工作时间特征		正常上班、常有加班		
品　质		细致、有耐心、心理承受能力强、纪律观念强、有吃苦耐劳精神及良好的团队合作精神		
使用设备		电脑、打印机、复印机、电话机、黑板		

　　岗位说明书一般包括以下几项基本要素：工作名称，工作概述，主要职责和责任清单，上下级报告关系，工作条件等。一份好的岗位说明书还应进一步体现对从事这一工作岗位的人的期望。如果在工作说明中包括了你对岗位职责和关键任务的绩效期望，就会大大减少受聘者对工作内容和结果的理解偏差。另外，明确说明期望还有助于你制定清晰而有效的工作规范——当然，这是下一步要做的工作。总之，期望越明确，该工作岗位聘用到恰当幼

儿园教职工的可能性就越大。

　　岗位说明书的描述尽可能具体，对于每项责任，至少要写出一种可测量的期望结果。如果这是一个新的工作岗位，而管理者对自己的期望是否现实还没有把握，没有关系，大部分工作会随着时间的发展而不断改进。而且，由于幼儿园发展需要，大部分岗位说明书也需要经常不断地变化。我们可以把这份岗位说明书作为一个起点，也可以注明这只是一个初稿，需要进一步修改。

管理小贴士

　　要确保在岗位说明书中包括这样一句一般性的陈述：在必要情况下，上级主管可以委派其他任务。这一点十分重要，它能使工作不断地发展，并有足够的灵活性以满足幼儿园的需要。对园长来说，这句陈述会提高你在任务分配中的灵活性。

　　大部分岗位说明书包括必备的任职资格和理想的任职资格两部分。必备资格条件又包括从事该工作至少要达到的教育水平、工作经历、技术技能和个人特点。在面试过程中，不具备必要资格条件的应聘者将被淘汰。

　　人们常说，要想预测一个人将来工作得怎样，最好看看他过去都有哪些成就。这表明在挑选幼儿园教职工时，工作经历是一项重要的考虑因素。很多招聘广告都明确提出应聘者要具备几年的工作经验。但是，工作经验的质量和数量真的如此重要吗？在编制岗位说明书时，要明确指出你认为哪些工作技能对于完成这一岗位的工作是重要的，而不能仅仅要求应聘者有过在某岗位上干了几年的工作经验，或拥有一个冠冕堂皇的头衔。最后，在考察应聘者的工作经历时，还要看他有没有成绩记录或晋升经历，因为这可以说明他确实取得了不小的业绩。

　　理想的任职资格就像冰淇淋上的小装饰——很好看，但并不是必要的。它会引起人们的注意，那些具备这些资格的应聘者会因此而增加一定的优势。事实上，你可能会发现不同的理想资格条件对你幼儿园的相对价值也不相同。换句话说，针对当前和未来的需要，在你的冰淇淋上是应该点缀巧克力沙司，还是奶油呢？理想的任职资格并不是最低要求，它是对符合必备任职资格的幼儿园教职工的额外要求。

在编制岗位说明书时要记住，无论应聘者的教育水平有多高，工作经验多么丰富，他都不会在真空中工作。每个幼儿园都有自己的特点、文化和氛围，这些特征会反映在幼儿园的经营宗旨和经营哲学上，也会反映在其幼儿园教职工的个性特点和工作态度上。虽然幼儿园中不同的工作岗位对幼儿园教职工的能力和技能有不同的要求，但所有人员都应该具备与幼儿园的经营特点、管理哲学相一致的观点和价值观。这并不是说所有的职员都必须一样，事实上，缺乏多元化对幼儿园是不利的。但是如果幼儿园教职工的基本价值观与幼儿园不同，对幼儿园所从事的事业及运作方法不认可，那么这名幼儿园教职工就可能"不适合"该组织，这种聘用恐怕对双方都不利。

现在已经制定好岗位说明书和用于描述需要的幼儿园教职工类型的工作规范。但是，在开始招聘工作之前，还需要其他人对所准备的材料提出一些反馈意见。请几个人（可以是幼儿园教职工也可以是幼儿园的合作伙伴）阅读一下岗位说明书和工作规范，并问他们几个问题：

1. 岗位说明书的内容清楚吗？能否由此对该工作有一个基本的了解？

2. 岗位说明书中要求的职责和任务是否合理？绩效期望是否现实？有没有需要增减的内容？

3. 在工作规范中，必备的资格条件和理想的资格条件是否合理？有没有需要增减的内容？

我们可以在获得意见和建议的基础上，对岗位说明书和工作规范进行必要的修改。

三、吸引大量有能力的应聘者

开始幼儿园教职工的招聘工作之前，还要考虑一下，用什么办法来吸引合格的幼儿园教职工。这意味着要好好考虑所能支付的工资和福利待遇。给幼儿园教职工的工资并不仅仅是支付给他们的工资，而需要制定一个工资计划，以吸引那些那些合格的应聘者。这项计划对其他教职工来说也应该是公平的，并且幼儿园能承受。

工资计划的设计是多种多样的，可以有选择性地包括下面一些内容：

● 工资、薪金。

● 社会保险金。

● 奖金、奖励工资、分红、幼儿园教职工持股计划。

● 晋级或加薪的机会。

● 幼儿园教职工子女享受优惠入园。

● 由幼儿园支付的福利，如带薪的休假、病假、健康或人寿保险、报销出差或其他花费、生活补贴、育儿补贴、事假等。

● 职业发展机会和专业培训。

在制定工资计划时要有创造性和灵活性。记住，不同的幼儿园教职工喜好不同形式的福利，因此，可以制定一个总价位线，在这个范围内让他们自由选择，我们称之为"自助餐计划"。即使不能提供高工资或带薪福利，幼儿园教职工也可能会被某项福利所吸引，如灵活的工作时间、更响亮的头衔或每年一次的免费旅游。

招聘一名新教师的花费相差很大，这取决于幼儿园的所在地区和想招聘的人员类型。我们可以采取下面的步骤，制定出正确的工资计划。

1. 内部比较。如果还有其他教职工，可以将这一职位的岗位说明书和工作规范与其他教职工的进行比较。考虑一下这个职位和对它的绩效期望，与其他职位相比较，确定这项工作的工资水平。

2. 外部比较。考察一下本地区类似职位的工资级别。通过查阅招聘广告、与行业协会联系、查找网络中有关劳动力市场和工资数据可以获得相关信息。或者，可以直接与其他幼儿园的创办人，甚至包括竞争对手联系一下。园所所在地区的学前教育协会、就业服务中心也会对制定各种工作的市场工资级别有所帮助。另外还要考虑一下在所属的行业中及这一工作岗位上一般的福利待遇是怎样的。

我们要明白，**工资是公司支付给员工的工作工资，奖金是教职工要超越公司期望值，红包是集团对特殊年份特殊事件的奖励，股票期权是公司对教职工未来贡献的期待。**

接下来的问题是，去哪里找合格的应聘者呢？

为了招聘到恰当的职员，要有一批可供选择的合格应聘者。招聘的目的在于吸引一定数量的具备必备任职资格和部分理想任职资格的应聘者，如果可选择的范围很小，很可能要降低对必要技能和个性特征的要求。这样的选拔结果不会令人满意，至少我们得提供额外的培训，花费额外的时间。但吸引过多的求职者前来应聘也没有必要。你所编制的工作规范可以帮助你筛选应聘者，然后让一定数量的合格应聘者进入下一轮面试。

首先，我们需要利用岗位说明书和工作规范，起草一份该职位的招聘广告。大部分招聘广告都是比较简洁的（一般只有一两段内容），其中应包括一些基本信息及如何应聘该职位的说明。

起 草 招 聘 广 告

编写一则招聘广告，其中至少应该包括下列信息。

- 该工作岗位的名称及简单的描述
- 必备的任职资格
- 应聘的流程
- 应聘截止时间
- 幼儿园名称

此外，还可以有选择地包括以下信息：

- 有关幼儿园或组织的描述性信息
- 理想的任职资格
- 薪金和福利信息
- 工作条件、工作时间等信息
- 希望开始工作的时间或其他特殊信息
- 幼儿园标识
- 对求职信或个人简历的要求等

然后，需要确定招聘方法。填补职位空缺的时候，应该对幼儿园内外的申请者都给予考虑。很多时候，幼儿园经营者或管理者都想当然地认为幼儿园内部没有人对该职位空缺感兴趣或没人适合，但你必须问一问，否则你无从知道实际情况。有一些幼儿园经营者尽量从外部的求职者中进行招聘，因为他们担心只提拔本幼儿园中的一个人会引起其他幼儿园教职工的不满。招聘确实是一个很敏感的过程，不管幼儿园经营者最终的决定如何，总会有人不满。很多时候。幼儿园教职工即使不完全具备任职资格，也希望自己能被列入候选人之列。经营者需要仔细考虑两种途径的优势所在。

1. 从内部选拔的好处。

● 从内部选拔的费用要比外部招聘少得多。从内部选拔可以节省诸如广告费、出差费、中介公司代理费等开支，在这里我们还没有把管理者对外来者的聘用、分配和新教职工熟悉幼儿园所需花费的间接成本考虑进去。

● 当幼儿园教职工得知幼儿园内部有提升机会以及管理层人员将从内部选拔时，则倾向于更加努力地工作；相反，如果幼儿园教职工认为他们在幼儿园的晋升已经走到了尽头，就会缺乏工作的积极性。

● 当管理者选拔一名内部幼儿园教职工时，招聘到的是一位绩效有保证的幼儿园教职工，一个知根知底的人。我们了解他的工作业绩、工作习惯和个性品质；而他也了解幼儿园对他的绩效期望。尽管这些了解不足以保证他在这一职位上取得成功，但至少这一决定是以直接观察为基础。

2. 从外部招聘的好处。

● 有时从内部确实找不到符合要求的人填补职位空缺，这时我们会发现从外部寻找合格人员也有很多有利条件。这些人了解工作，能马上投入工作，无需额外的培训和花费。

● 从外部招聘人员可以给幼儿园补充新鲜"血液"，带来新思想、新看法。而有时从内部选拔人员不能带来新的思想和活力，走的还是以前走过的老路。

● 从外部招聘人员更有机会使幼儿园多元化，保持一定的朝气和活力，避免所有人都按同样的思维方式思考和工作。

3. 用好内部推荐奖励计划。

人才推荐与人才培育奖励方案

（一）目的

为保障人才队伍的需求，人力资源部特出台《人才推荐与人才培育奖励方案》，以确保人才工程的顺利实施。

（二）定义

推荐人才奖是由内部员工向本幼儿园推荐人才的一种招聘形式，属于外部招聘的一种方式。不同于内部提拔和内部竞聘。

（三）原则

1. 公平、公正、公开原则；

2. 自愿推荐原则；

3. 推荐有奖原则；

4. 不追究责任原则；

（四）具体操作流程

1. 推荐方法

（1）推荐人陪同被推荐人到××人力资源部报名，填写招聘报名表。

（2）推荐人不能陪同被推荐人报名的，须以电话形式通知人力资源或各园园长处，并告知所在部门、职务及被推荐人姓名、应聘职务，被推荐人填写招聘报名表时也必须在推荐人处填写清推荐人姓名、职务、所在部门等信息。

2. 推荐对象

教学老师、班主任、特色老师、医生等专业人才。

（五）奖励办法

1. 被推荐人成为正式员工三个月，奖励推荐人200～400元不等的奖金。

2. 人才培育奖励。每一位新进老师都将指定辅导老师"一带一"培训，辅导老师每培养出一名合格新员工给予奖励200元。

（六）本方案自发布之日起开始实施，本方案解释权归××人力资源部。

人力资源部电话：×××　　　　　　联系人：×××

无论最终决定如何招聘，都应该以幼儿园的长远发展为重。如果决定从外部聘用，那么一定要让现有幼儿园教职工了解这样做的原因。记住，职位空缺的招聘工作一定不能排除对幼儿园内部合格幼儿园教职工的考虑，而且对这两类应聘者的评价标准应该是一致的。

招聘工作计划表

招聘计划	职位名称	招聘人数数量	招聘时间	任职人员要求

招聘广告发布方式与广告费用预算	广告发布方式	人员类别			广告费用预算
		教师	保育员	其他人员	
	报纸				
	专业杂志				
	网站				
	人才交流会				
	其 他				

招聘小组成员	职 务	姓 名	招聘时间	招聘工作中主要职责

其他费用支出	
费用合计	

招聘渠道评价表

招聘方式	优 点	缺 点
内部晋升	1. 招聘风险小，招聘成本低 2. 有利于调动内部员工工作积极性 3. 相对外部招聘减少招聘费用	选择范围相对较小，不利于广泛吸引外部优秀人才
人才交流会	可以进行面对面交流，进行初步的选择	往往会受到人才交流会本身宣传力度的局限，应聘者的数量和质量难以保证
校园招聘	1. 可塑性强 2. 给幼儿园注入新的活力、新思想	缺少实践工作经验，增加了幼儿园的培训成本
网络招聘	招聘的成本比较低，信息收集及时，充分缩短幼儿园招聘时间	1. 不能控制招聘人员的数量 2. 不能面对面地交流 3. 不适用经济不发达地区

（续）

招聘方式	优　点	缺　点
猎　头 公　司	1. 可以招聘到高级人才 2. 招聘的人员素质有保障 3. 目标准确，能提供专业化服务	招聘成本高

总的来说，根据幼儿园行业特点，校园招聘和内部员工推荐是最有效的方式。

第三节　幼儿园招聘的具体流程

一、面试计划

在考虑面试计划的时候，应该选择那些最适合自己情况并对自己最有效的方法。我们可以参考一下贝贝幼儿园所准备的招聘计划。

1. 在幼儿园教职工公告栏里张贴该职位的招聘广告。

2. 于 2 月 9 日（星期天）在当地报纸上刊登一则小广告。

3. 给当地的师范学校、职业学校寄去招聘广告。

4. 与就业服务中心联系。

5. 在网络论坛发布广告。

6. 在 QQ 群、个人 QQ 签名上发布消息。

7. 在招生宣传单上发布招聘消息。

二、初步筛选应聘者

在快速审查应聘者递交的材料时，利用编制的筛选检查表来做记录。如果对应聘者有什么疑问，可以记录下来以备尔后向他们提出。考察应聘者时，应该把应聘者分为几类：一类是不符合必备任职资格；一类是符合所有必备任职资格，但是聘用可能性不大的；最后一类是看起来不错，但其应聘表中还有一些问题需要了解的。如果由招聘小组来挑选应聘者，那么，每一位小组成员使用的记录表应该是一样的。这将保证小组成员考察应聘者时使用统一的标准，并在选拔过程中的每一步都能条理清楚。

如果我们要多考察几份求职申请表，当看到最后几份时，最好回头再看看头几份材料，这能使我们在整个过程中保持统一的评判标准。当我们看完了后面的求职应聘表，可能就会对前面的应聘表有不同的看法了。下面几个工具表格对我们的招聘面试会有帮助。

面试试题一览表（适用管理岗位应聘者）

考核内容	面试问题
工作经验	请描述一下您的工作主要职责，在工作中有何收获
领导能力	作为一名部门领导，您如何让下属尊敬并信任您
计划执行能力	1. 您是如何准备这次面试的
	2. 您是如何计划和安排重要项目的
判断和决策能力	1. 当事件发展的结果与事先您做的计划有很大的偏差时，请问您如何处理
	2. 当您在购物时，无意中发现了一件商品，其外貌非常精致但对您来讲没有太大的实用价值，您会如何抉择
	3. 以前的工作经历中，在做出重大决策时，您是如何实施的，请您举个例子加以说明
目标管理意识	1. 您怎样鼓励员工达到工作目标
	2. 您如何确保幼儿园的目标、任务能反映到各部门甚至员工个人的工作目标中去
家长服务意识	举个例子说明您如何成功地处理了家长提出的比较难以解决的问题，从而使家长比较满意的
开拓能力	举一个例子说明在一个新的环境下，如何发现潜在的办园和招幼儿的机会
人际沟通能力	在长途旅行的火车或者飞机上，周围都是陌生人，您如何在这种环境中与他们相处的
影响力	当与领导意见不一致时，您通常是如何解决的

幼儿园教职工五项全能面试记录表（适用教学老师应聘者）

姓名：　　　　　　　　　　　职位：

项目	具体要求	标准	分值	分数	具体情况
语言表达	自我介绍：自己的工作和学习经历、来××幼儿园工作的想法	条理清楚 语言流畅	3		
		普通话标准	4		
	故事表演	语言生动 表情丰富	3		
		有肢体语言 富有感染力	3		
		声音甜美 普通话标准	4		
唱歌	成人歌曲	有一定的声乐基础	3		
	幼儿歌曲表演	音准、节奏	3		
		有肢体语言 感染力、表现力	4		
		声音甜美	3		
舞蹈	自备成品舞	动作协调	4		
		感染力、表现力	3		
		舞蹈基本功	3		
	即兴编舞	动作的创编	3		
		音乐的表现力	4		
钢琴	自备曲目	基本指法	2		
		节奏、旋律	3		
		感染力、表现力	2		
	即兴弹奏	识谱的能力	4		
		基本配弹能力	3		
绘画	成品画	有一定的美术基础	3		
	即兴绘画	创作力及想像力	3		
		基本的配色、布局、线条组合绘画能力	3		

（续）

项目	具体要求	标准	分值	分数	具体情况
其他素质	仪容仪表、形象		10		
	心态、精神面貌		8		
	经历与××幼儿园的吻合度		12		
总分			100		
综合评述：					
总体印象：　不合格　　　勉强合格　　　不确定　　　很合适 　　　　　　　□　　　　　　□　　　　　　□　　　　　　□ 签名：_____　　　　　　日期：_____					

考察人：　　　　　　　　　　　　　　　　　　　　日期：

三、复试：取其精华，去其糟粕

是否有必要进行第二轮筛选取决于第一轮筛选的结果。首先，把不合格的应聘者排除在外。但并不是置之不理，不到确定不再考虑他们的时候，不要通知他们已经落选。等到已经决定招聘某个应聘者，或者肯定招聘过程进展顺利，已决定从某几个应聘者之中进行选择之后，才可以通知其他未入选的应聘者。

对于那些较为勉强、不太够格的应聘者也要先放一放，如果首选的应聘者不尽如人意的话，还可以再次考虑他们。如果对其中一些人好奇，可以把他们归到首选的那一类，并记下应该向其提出的问题，以便进一步了解应聘者。

我们要确定需要面试的应聘者人数。面试耗时费力，所以，应该把每个职位的面试人数控制在2~5人。记住，也许你中意他，但通知他们来试时，往往真正到位的可能只有50%，所以需要多预备一些入选人员。

四、面试流程

每次面试都应该包括以下要素。

● 欢迎和介绍欢迎应聘者，并介绍自己及面试小组的其他成员。要尽量友好和幽默一些，以使应聘者保持放松状态，我们甚至可以和他们提供一些茶水和点心。大部分人，不管多么自信，面试的时候多少会有点紧张。如果我们能够放松、友好、平易近人，那么应聘者也会自然一些。可以先介绍一下面试的流程，并欢迎应聘者在面试中提出自己的问题。

● 面试本身。我们需要向应聘者询问一些已准备好的、与必备任职资格及技能密切相关的问题。我们应知道应聘者能否并乐意从事这一工作，能否融入组织之中。应该询问的领域包括：就业历史、工作经验、教育程度、所受培训、职业生涯目标和抱负。在面试的这一阶段中，应聘者的谈话至少占用80％的时间。我们需要一边仔细听，一边做记录，并提出一些问题以保证自己准确理解应聘者的表述。同时，还要注意应聘者是如何沟通和表现自己的。感觉一下这个人能否融入我们的组织，能否与其他教职工及家长建立良好的关系，他对幼儿园及这一职位感兴趣的程度。由于应聘者在面试时常常会尽可能表现出自己最好的形象，因此我们还可以判断这个人的行为、衣着及个人卫生情况是否适合于从事该工作。

● 工作简介。向应聘者简单介绍一下幼儿园的情况以及幼儿园的办学宗旨和教育理念。以岗位说明书为线索，概要介绍工作的主要任务和职责、上下级关系以及对绩效的期望。也可以简单介绍一下工资、薪金、福利和工作条件等情况，但有关福利的谈判及其具体细节可以留待以后再谈。我们的目的是给应聘者提供关于幼儿园和工作足够的信息，但也没必要详尽无遗。

● 面试结束。请应聘者提出自己的遗留问题。另外，请他们列出自己的证明人，包括证明人的姓名、电话号码、与应聘者的关系等。然后，向应聘者说明我们的录用流程，最后感谢他们前来应聘。

管理小贴士

拟定有效的面试问题

以前面编写的岗位说明书和工作标准为指导，来拟定面试时要向每一位应聘者提出的开放式问题，如应聘者的工作经验、教育程度、所受培训以及与工作有关的个性特征等。不要询问那些与工作无关的或不合法的问题。对于岗位说明书上列出的每一项主要工作职责和每一项绩效结果，都至少要提出一个问题。

在面试的准备工作中，MIMI老师完成了岗位说明书工作规范，并拟定了面试问题。

有效的面试问题

（一）与工作经验有关的问题：

1. 请简单介绍一下你的工作经历。

2. 你认为自己具备什么样的技能和能力因而能把这项工作做好？请举例说明。

3. 在你目前的工作中，你与家长之间是什么类型的联系？联系很多吗？

4. 你喜欢目前的工作吗？为什么想换工作？你应聘这一职位的原因是什么？

（二）与教育程度及所受培训有关的问题：

1. 谈一谈你所接受的正规教育以及你所接受的所有与从事该工作有关的培训。

2. 你最喜欢的学习方式是怎样的？

3. 能否描述一下你曾经教别人做事的经历，你是怎么教的？

（三）与工作有关的个人品质、风格、态度、价值观方面的问题：

1. 描述一下你的工作方法。换句话说，你喜欢监督多一些还是少一些？你喜欢独立工作还是在团队中工作？你喜欢在一段时间内只完成一件事，还是同时做几件事？

2. 你认为你现在的幼儿园经营者会如何评价你的工作能力及工作态度？

3. 为什么你认为你喜欢并能胜任这一工作？

4. 描述一下你在工作中曾遇到的困难，是如何克服它的？

5. 你对体罚幼儿有何看法？是否违反了职业道德？为什么？

（四）其他问题：

1. 对于该工作的职责和绩效期望，你有什么问题吗？

2. 我能否同你以前的幼儿园领导者取得联系？

3. 如果你被录用，什么时候可以开始上班？

五、录用

有时通知录用是件很容易的事，但有时候还需要进行谈判。通知被录用者之前，先想一想对他来说什么样的待遇是公平合理的。如果打算和他谈判的话，事先考虑一下工资和福利的限制。在面试过程中千万不要做出录用决定，因为双方都需要时间进行考虑。面试后请录用者来或在电话里口头通知他。口头通知之后，还可用短信息形式说明要准备的事项。然后留给应聘者足够的时间做决定，如果有什么问题可以打电话询问。如果不能达成协议，那么就要与排在第二位的应聘者联系。

如果此时找到了一位合格的新教职工，我们值得为此而高兴。但是，工作并没有最终完成。我们还要通知其他应聘者已经找到了合适人选（建议用短信方式通知即可）。我们没有必要也不应当告诉任何应聘者为什么他们没被录用，也无需告知他们入选者的任何情况。仅仅是感谢他们对该工作的兴趣即可。

新教职工的上级主管和同事应该协助我们拟定新教职工的岗前培训和接下来的在职培训方案。当然，作为幼儿园经营者和管理者，我们对新教师以及其他所有教职工个人及其职业发展负有不可推卸的责任。不过，接下来的"第四章"将帮助我们开发其他的人力资源管理技能，使我们能保持幼儿园和每一位幼儿园教职工的活力。

第四章
幼儿园人才培养

　　招聘到优秀的人才并不直接等于拥有了优秀的幼儿园教职工。作为幼儿园的经营者或管理者，需要确保幼儿园教职工掌握了帮助幼儿园获得成功的信息和技能，而实施有效的幼儿园教职工培养计划就可以保住园所在招聘人才方面的投资。

　　简言之，幼儿园人才培养应该是幼儿园经营中的重点工作。

　　根据 E 顾问的指导，MIMI 老师的工作进展很顺利。新幼儿园计划开 9 个班，幼儿园工作人员编制为 36 名教职员工。其中园长 1 名，副园长 1 名，教学主任 1 名，班主任 9 名，助教 9 名，保育员 9 名，炊管人员 2 名，采购及后勤 1 名，医务室人员 1 名，财务室兼前台接待 1 名，勤杂工 1 名，司机 1 人，共 36 人。按照刚学习的招聘方法去做，第一阶段任务已经完成了 80%。第一阶段开园新开四个班，招聘园长 1 名，副园长 1 名，教学主任 1 名，班主任 4 名，助教 4 名，保育员 4 名，炊管人员 2 名，采购及后勤 1 名，医务室人员 1 名，财务室兼前台接 1 名，司机 1 人，共 21 人。新招了一名园长，副园长由老园调一位过来担任，班主任由教学老师从老园调整 4 位过来，保育老师也由老园调。接下来要开始做教职工培训了，还好 E 顾问给一套"员工培训开发系统"。

　　幼儿园教职工是幼儿园的血液！他们可以让教育事业有天壤之别：轰轰烈烈或碌碌无为。他们的行为——如何接待家长，如何处理日常事务，如何对待同事——决定了我们的事业是兴旺发达，还是衰败破产。

　　招聘到合格优秀的人才并不等于就拥有了优秀的幼儿园教职工。作为幼儿园的经营者或管理者，我们应该确保教职工掌握了帮助幼儿园获得成功的信息和技能。岗前培训及其后的培训都是要帮助幼儿园教职工获得有关信息和技能。实施一项有效的幼儿园教职工开发计划可以保住我们在招聘人才方面的投资，简言之，幼儿园教职工教育应该是我们生意中的生意。

　　这一章内容能帮助我们通过岗前培训以及随后的培训来开发利用幼儿园的教职工资源。学习完这一章以后，我们将能够：

- 设计和实施新教师岗前培训计划；
- 评估幼儿园教职工的培训需求；
- 写出任何培训方案的学习结果；
- 制定适合于每一类学员的培养计划；
- 建立确保在工作中运用培训内容的培训计划；
- 评估培训方案的效果。

　　有的管理者认为自己负担不起幼儿园教职工的培训费用，那么请记住，现在幼儿园四分之一的老师都不是幼儿园的合格老师。如果四分之一的幼儿园教职工都不合格，那么我们就已经在许多方面付出昂贵的代价了：幼儿园教职工工作的低效率，纠正教职工的错误所用的时间和精力，教职工的高离职率等。所以从长远角度看，一个好的培训方案反而会帮我们节省很多费用。

第一节　有效的培训是人才培养的基础

幼儿园教职工开发是一个为员工提供思路、信息和技能，帮助他们提高工作效率的过程。幼儿园教职工开发是员工继续教育的一种方式。当我们给新教师讲解幼儿园情况时，培训就开始了。教职工在工作过程中不断丰富自己的经验，培训也在不断继续。岗前培训和其他培训是最常用的幼儿园教职工开发手段。幼儿园教职工开发过程，包括招聘前情况介绍、第一天的岗前培训、最初几周的岗前培训和以后的在职培训。

岗前培训就是向新教师介绍幼儿园的规章制度、文化以及幼儿园的业务和幼儿园同事。就其本质来讲，岗前培训只是培训的开始。培训指的是发生在工作场所中的教与学的过程——它要教给幼儿园教职工完成工作所必需的知识和技能。在培训中我们不仅要及时地把新信息、新教学方法和新流程介绍给他们，还要更新他们的现有技能。岗前培训也许在新教师报到之前就已经开始了，而且，我们也很难分清什么时候岗前培训结束而接下来的培训开始。幼儿园教职工开发是一个不断对幼儿园教职工进行教育的过程，确切的讲，也是贯穿于幼儿园教职工整个聘用时期的必要过程。

第二节　岗前培训

新教师加盟幼儿园时，他们的所见所闻会形成对幼儿园的第一印象，而且这种印象会持续很长时间。幼儿园教职工第一天对幼儿园的感觉会使他们形成对幼儿园整体和工作效率的看法。我们对于岗前培训的安排以及岗前培训的质量向他们传递了这样一个信息：幼儿园在其他方面的安排和质量是怎样的。既然岗前培训关系到幼儿园的存亡盛衰，那么，我们就很有必要为新教师提供考虑周全、信息丰富的岗前培训。

一、岗前培训要做什么

新教师的岗前培训要做两件事。

1. 岗前培训要使新教师感到他们加盟幼儿园是受欢迎的，他们为自己的这一决定感到满意。好的岗前培训会在和谐的气氛中把新教师介绍给幼儿园同仁，帮助他们熟悉环境，让他们轻松愉快地成为团队中的一员。

2. 岗前培训要使新教师了解必要的知识和技能，了解幼儿园的运作流程，使他们熟悉幼儿园的设施和他们的岗位责任。

我们可以开展各种活动，并请一些人来帮助实现岗前培训的目标，但这并不意味着岗前培训一定复杂，一定花钱多。大多数幼儿园并不需要上档次的正规课程安排，只需要制定一项计划和几条准则，以保证新教师在温暖友好的气氛中了解幼儿园和他们的工作。我们应努力开发一个简单的岗前培训方案，让它成为幼儿园的一项日常事务，同时又保证新教师在备受欢迎的气氛中了解新工作。

二、有效岗前培训的要素

我们应该告诉新教师哪些信息，如何告诉呢？岗前培训提供的信息不外乎以下几种。

1. 使幼儿园教职工成为正式成员的信息；
2. 有助于幼儿园教职工了解幼儿园体制的信息；
3. 建立幼儿园教职工归属感的信息；
4. 幼儿园的历史经营哲学；
5. 幼儿园的目的和目标；
6. 使幼儿园教职工熟悉自己岗位职责的信息。

三、岗前培训的步骤

第一步：使幼儿园教职工成为正式成员的信息

每一个幼儿园都有自己的行政管理流程，新教师要经过这一道道流程才能成为幼儿园的正式教职工。新教师需要：

- 填写试用协议书，了解工资福利和发薪日；
- 提供有关身份和学历证的文件；
- 发放工号牌或园服；
- 领取幼儿园进出卡。

第二步：有助于幼儿园教职工了解幼儿园体制的信息

在岗前培训中，应该向新教师介绍幼儿园的自然环境、教学理念、幼儿园组织结构和工作流程。带他们参观幼儿园，亲眼看看幼儿园的环境，并告诉他们这样设置环境的道理。向新教师介绍他们自己的工作场所，并告诉他们如何与其他工作岗位的人取得联系。别忘了介绍盥洗室、餐厅、休息室、复印室以公交车站、电话、紧急出口和灭火器的位置。

在参观时，要向新教师介绍幼儿园的规章制度和运作流程、安全条例、健康要求和疏散流程。参观时所做的口头介绍最好有书面文字材料做辅助。《幼儿园员工手册》是在传递这些规章制度、规定和运作流程的有效工具，新教师可以把它保存起来以便日后翻阅。或者，你可以把一些必要的规章制度和运作流程写在备忘录或者定期打印修改的员工通讯录上。不管是口头介绍还是书面文字，岗前培训都要对幼儿园的规章制度和运作流程做一个基本的介绍，并使幼儿园教职工知道以后从哪里可以得到帮助或者得到进一步的解释。

最后，在参观幼儿园时，或在以后的几个星期，要把对新来教师工作有影响的重要任务和工作流程介绍给他们，帮助他们约见主要的工作伙伴，让幼儿园教职工了解他们的工作如何交接，工作流程如何运转，如何作为一个团队成员共同工作。还可以谈一谈幼儿园的文化，告诉新来教师幼儿园的"行话"，与新教师分享一般的工作信息（例如，如何使用电话系统，什么时间吃午餐，如何使用网络系统，如何处理保密文件等），花点时间让新教师熟悉一下自己幼儿园与众不同的特点。在岗前培训的这一步中加点幽默感是让幼儿园教职工记住这些信息的最好方法。

管理小贴士

帮助员工了解幼儿园体制的信息

写下需要给新教师提供的信息，以使他们了解幼儿园的体制和流程。

1. 列出需要参观的地点（例如盥洗室、餐厅、休息室、快递点、停车场等）

2. 列出新教师有必要了解的幼儿园政策和运作流程（例如家长服务政策、电话流程等）

3. 明确幼儿园的安全条例和疏散流程

4. 明确幼儿园的健康要求

5. 列出新教师需要在岗前培训中与哪些人见面

6. 简要介绍幼儿园的政策和流程（例如幼儿园手册）

第三步：建立幼儿园教职工归属感的信息

如果希望新教师成为工作卓有成效的团队成员，那么其他成员就需尽力让新教师融入团队，让他感到自己深受大家欢迎。不要忽视那些能让新教师感到心情舒畅的事情——尤其是在他们加入幼儿园的头几个星期。

征求一下老幼儿园教职工的意见，问问他们应该如何迎接新教师。可以找到各种各样有创意的办法：如开一个招待会来欢迎新教师，把新教师的工作场所收拾整齐并粉刷一新；在新教师的工作场所装点上鲜花。至少，可以请老员工们做下自我介绍，鼓励他们和新教师共进午餐，或在工作休息时一起用茶点。新教师的主管要特别注意把新教师介绍给大家。

管理小贴士

建立员工归属感的办法

可以请所有老师写下能让新教师产生归属感的奇思妙想，这些建议包括：举办一个招待会，请新教师共进午餐，送给新教师一件幼儿园的T恤衫或帽子……这些想法是无穷无尽的，请老师们充分发挥自己的想象力吧。

让新教师对第一天印象深刻的办法也有很多。

● 举办一个招待会，备好咖啡或茶点。邀请幼儿园的每一位幼儿园教职工前来与新教师见面。

● 帮助新教师做好工作准备，看看其办公桌上的办公用品是否齐备。如果需要的话，为新教师准备一本台历，并为其印好名片和放在桌子上的姓名牌。

● 在显著位置上放一个欢迎新老师的条幅。

● 送给新教师一件幼儿园的纪念品，如印有幼儿园标识的水杯、T恤衫、钢笔或小计算器等。

● 邀请新教师共进午餐。

● 给新教师准备一个救生包，里面放一些不落俗套的小玩意，从中也可以反映幼儿园的文化特色。例如，新教师的工作是为家长提供服务，家长常常发火，那么救生包里可以备有"邦迪"牌创口贴以备幼儿园教职工被家长"伤害"时使用，备有耳塞以防听腻了对方讲话时使用。

● 用幼儿园的"行话"写一封欢迎信送给新教师。当他们读信时，给他解释一下这些"行话"的意思。

● 老幼儿园教职工自我介绍时，请他们列出幼儿园独一无二的"特点"来。例如，有人可能会谈到一位古怪的家长，有人可能谈到星期五可以身着便服一天，也有人会说起每年团拜会聚餐时的"杯盘狼藉"等。一一介绍完之后，新教师也就掌握了一大堆关于幼儿园和教职工的信息。

幼儿园也许会采取"良师益友"方案，即让一位老员工有意识地了解新教师，帮助他适应幼儿园的生活。这里可能会有成千上万种方法，但是我们需要记住一点：我们的目的是帮助新教师成为卓有成效的团队工作成员，而不是增加其社交活动的机会，所以应尽量让那些可以成为新教师行为楷模的老教职工参与进来。

第四步：幼儿园的历史和经营哲学

人们往往忽视对这些信息的沟通，而这些信息恰恰提供了一种直截了当的途径，让新教师对幼儿园产生感情，让新教师建立对幼儿园的忠诚感。岗前培训要清楚描述幼儿园是一个什么样的幼儿园，是如何白手起家，在其创业过程中发生过什么重大事件以及与竞争对手相比有什么样的特色等。良好的岗前培训将有助于新教师了解幼儿园的经营哲学和管理风格，这些信息反过来又会指导新教师的行为。

正确介绍幼儿园历史和经营哲学，将有助于新教师找到下列常见问题的答案。

- 幼儿园里做决策的是什么人？
- 在幼儿园中谁对教学问题负责？
- 如何对待家长？
- 幼儿园的管理风格如何？

管理小贴士

幼儿园的历史和经营哲学

假设只给五分钟时间简要介绍一下你的幼儿园是干什么的、如何起步的、如何发展到今天这种规模的。在下边的空白处简单写下你准备告诉新教师的关键词汇和主要事件。

经营哲学。幼儿园的经营哲学是什么？换句话说，指导幼儿园运作和幼儿园教职工行为的核心价值观和信念是什么？你认为幼儿园的优秀幼儿园教职工应具有什么样的个人品质？在下面的空白处写下你的想法。

那么，你准备如何与新教师分享幼儿园的历史和经营哲学？是在幼儿园手册里书面介绍呢，还是进行口头介绍？是用书信的口吻呢，还是用新闻通讯的语气？在下面的空白处写下你的决定。

第五步：幼儿园的目的和目标

无论怎么做，都要把幼儿园的使命和远景规划放在第一位。每一个幼儿园都应该有一个使命宣言和远景描述，这两个描述应该包括在我们的经营计划中，并指导幼儿园的所有决策。使命宣言要说明幼儿园是干什么的，为什么存在。远景描述要说明想让幼儿园发展成什么样子，描述的是我们的理想。两个描述都应该简洁易懂，并要经常和幼儿园教职工沟通。

幼儿园教职工需要知道幼儿园向何处发展以及为什么要这样发展。除了使命宣言和远景描述外，还应该让幼儿园教职工了解我们的目的和目标以及实现这些目标的计划。我们需要讲清楚为什么新教师对组织的成功很重要，回答新教师可能提出的有关幼儿园的奋斗目标和每一位幼儿园教职工如何加入这一奋斗过程的任何问题。

如果我们以团队为基础讨论幼儿园的规划，那就让新教师尽快参与进去。参与计划制定的幼儿园教职工，会更积极地实施计划。对一个幼儿园而言，如果大家不是朝着同一方向努力，幼儿园就不会有任何发展。

该学习落地练习的目的是确定我们如何告诉新教师幼儿园的目的和目标。

管理小贴士

幼儿园的目标与愿景

利用你的经营计划和战略规划来确定幼儿园的使命宣言和远景规划。

幼儿园的使命是什么？

幼儿园的远景规划是什么？

以经营计划或战略规划为指南，确定在幼儿园的目的和目标方面，每个幼儿园教职工需要了解哪些内容。

幼儿园的主要目的是什么？ 为实现这些目的将使用什么目标？

目的 目标

如何让新教师了解幼儿园的目的和目标？是写进幼儿园手册中，还是写在致幼儿园教职工的一封信里，或者只是在开会时口头介绍一下？请写下你的想法。

第六步：让幼儿园教职工熟悉自己的岗位职责的信息

岗前培训不仅是要向新教师介绍整个幼儿园的情况，而且要介绍他们自己的工作岗位。从与新教师见面时起，就要一同考察岗位说明书、岗位责任和我们所期望的工作结果。我们需要描述恰当的工作行为并做出示范，制定日程安排，以便在规定的时间内让新教师掌握工作方法。在岗前培训过程中要教会新教师工作技能，随时向他们提供指导。最后，要和他们一起工作，评估他们的工作技能，发现他们的优势所在以及需要进一步培训的方面。

该学习落地练习的目的是明确幼儿园教职工的岗位责任。

管理小贴士

新教师熟悉自己岗位责任的信息

通过回答下列问题来准备新教师的培训计划：

新教师掌握工作方法要经过哪几个步骤？

谁负责培训新教师？

完成培训的合理日期安排是什么样的？

如果你对新教师的岗位责任还有什么疑问，可能需要回过头再看看

第三章的内容，应该对该工作岗位进行岗位分析，为新教师设计一份以结果为导向的岗位说明书。

第七步：哪些人参与岗前培训

好的岗前培训需要众人的参与。实际上，在幼儿园里每一位幼儿园教职工都会或多或少地参与进去。如果幼儿园很小，幼儿园所有者或职业园长可以亲自会见新教师，向他们介绍幼儿园的"发展故事"，一起聊聊幼儿园的经营宗旨和经营哲学，这些事情也许还可以在早餐或午餐桌上完成。对于稍大一点的幼儿园，幼儿园所有者或职业园长可以在岗前培训的课堂上讲几句话，或在新教师刚工作的第一周顺便去工作场所看望他们。

新教师的部门领导要在确定岗前培训日程安排和促使其他教职工参与培训的活动中起带头作用。部门领导应该是新教师第一天上班见到的第一个人，他们的初次见面会为以后的工作奠定基础。部门领导是新教师的表率，他们应该在岗前培训阶段随时为新教师提供帮助，做新教职工的老师和教练。部门领导要告诉新教职工在工作中和谁有业务联系，什么时间完成什么项目以及幼儿园对他们的要求和期望。部门领导还要告诉新教师在工作中会遇到什么样的困难和挑战，并帮助他们制定迎接挑战的策略。

行政管理人员也要参与岗前培训，他们主要做一些文书工作，提供一些信息让新教师了解幼儿园的各项制度。要把新教师编入工资名单，记录他们选定的福利项目，帮助他们填写适当的聘用表格，向他们介绍政策和流程，并提供其他的行政帮助。

还有其他教职工。为什么要让其他教职工放下手头的工作来参与新教师的岗前培训呢？因为作为新教师的同事，他们比别人更容易帮助新教师减轻新工作带来的压力和紧张，他们是新教师天天接触的人。欢迎新教师、帮助他们适应幼儿园的生活也是老教师分内之事。老教师要给新教师介绍一下自己的工作，说明自己和新教师的工作关系。这种积极的帮助和接触有利于新教师迅速进入情境，使幼儿园中的每一个人受益。

该落地练习的目的是确定谁需要参与新教师的岗前培训。

管理小贴士

谁参与岗前培训

列出幼儿园中参与新教师岗前培训工作的人员名单，在名字后面，写下他的培训责任。

人员名单　　　　　　　　　　　　　培训责任

幼儿园所有者或职业园长

部门领导

薪金和行政管理人员

其他幼儿园教职工

四、如何实施岗前培训方案

岗前培训只要能够根据计划按部就班地进行，就会成为一桩愉快的日常事务．要想为新教职工设计一个出色的岗前培训计划，必须确定以下几方面的内容。

- 提供什么信息；
- 谁来传授这些信息；
- 如何传授和何时传授这些信息。

在确定岗前培训方案时，应该认识到，我们不可能在第一天就覆盖所有内容。有效的岗前培训甚至在新教师加入幼儿园之前就开始了，并且会在新教师开始工作后继续提供信息和帮助。事实上，根据工作岗位的具体情况，岗前培训可能会持续好几个月。在前面提到的幼儿园教职工的开发过程中可以看到，岗前培训包括三个阶段，下面就介绍每一个阶段包括的内容。

（一）录用前

甚至在新教师被录用之前，你的招聘过程就为你提供了一个"教育培训时期"——向未来幼儿园教职工介绍幼儿园的背景和经营哲学，尤其是介绍该项工作的机会。幼儿园的面试考官会向准幼儿园教职工介绍一般的薪金、工作时间、休假、福利及其他人事政策，这类信息的沟通标志着岗前培训的开始。

一旦你提供了并且申请人也接受了这份工作，你就希望与他们保持密切联系，直到其报道上班。也许，由部门领导给他发一条信息，并寄几份幼儿园内刊让他们一直了解幼儿园的动态，幼儿园创办人亲自给准教职工打一个个人电话也是绝好的主意，这会让他们感到你很高兴他能加入幼儿园。

（二）第一天

新教师报到的第一天往往会带着许多疑问，并多少会感到紧张。部门领导不仅要亲自迎接新教师，而且要和他们讨论第一天的日程安排，开始岗前培训工作。在第一天里传授过多的信息是错误的——新教师只能接受一部分内容，过多的信息会让他下班回家时感到不知所措。一般来讲，我们只在第一天完成下面四件事。

- 通过某种方式的欢迎活动让新教师对第一天记忆深刻；
- 完成基本的文书工作，解释一下薪金和福利流程；
- 把新教师介绍给他的同事和其他关键人物；
- 概述新教师的职责描述和要求，制定以后几周熟悉工作的日程安排。

我们要努力用一种积极的语气开始和结束新教师的第一天。你的目的是让新教师下班回家时有一种归属感，并对明天充满期望和热情。如果做到了这一点，你的第一天岗前培训就成功了。

（三）最初几周

在最初几周，部门领导要一直与新教师保持密切的联系。新教师在这段时间里了解组织的运行规则，学会承担相应的工作任务。部门领导和新教师要不断讨论对他们的工作期望。实际上，这是新教师和部门领导一起制定绩效目标，并设计实现这一目标的行动方案的理想阶段。

如果新教师需要特殊的技能培训以承担工作（如学习家校通信息软件），那就应该尽快完成。最初几周的目标就是帮助新教师尽快成为卓有成效的幼儿园教职工。

在最初几周，或者是在幼儿园教职工建立了自己的社交圈子之前，我们仍要继续帮助新教师融入幼儿园的生活。最后一点，要提高新教师的知名度，逐步介绍他认识更多的幼儿园教职工，可以利用幼儿园 QQ 群、微信、幼儿园教职工会议来进行这项工作。

我们可以利用下面这一学习落地训练中的岗前培训清单来制定岗前培训计划。可以利用前面落地工具中的个人笔记来确定培训清单中的内容，但一定要请其他人员参与这项工作，这些人包括新教师的部门领导、与新教师做同样工作的其他幼儿园教职工、人事工作人员、幼儿园的所有者或职业园长。他们可以从不同角度提出有关培训内容和培训方法的建议。完成了这份岗前培训清单后，我们就掌握了制定岗前培训计划的有效方法。

管理小贴士

岗 前 培 训 内 容

岗位：

岗前培训信息	人员	时间
1. 使新教师成为正式成员的信息		
2. 制度方面的信息		
3. 建立归属感的信息		
4. 幼儿园的历史和经营哲学		
5. 幼儿园的目的和目标		
6. 岗位责任方面的信息		

岗前培训日程表

岗位：新配班老师

岗前培训信息	人员	时间
1. 使新员工成为正式成员的信息		
（1）发工号牌、园服（安排宿舍）	人事文员	第一天
（2）概述福利政策、请假流程、工间休息等	培训专员	第一天
（3）介绍员工手册	培训专员	第一天
（4）安全信息与条例	班主任	第一天或第一周
2. 制度方面的信息		
（1）参观教室、幼儿卧室、办公区	班主任/园长	第一天
（2）幼儿园安全管理	班主任/园长	第一周
（3）概述员工手册中的内容	班主任/园长	第一周
（4）参观当班教师的工作	班主任/园长	第一周
3. 建立归属感的信息		
（1）欢迎新配班老师	班主任/园长	第一天
（2）介绍认识行政人员和总园长	班主任/园长	第一天或第一周
（3）在参观第一班工作时，在休息室提供茶点，介绍幼儿园员工互相认识	培训专员	第一周
4. 幼儿园的历史和经营哲学		
（1）幼儿园的历史	面试考官	录用前
（2）主要的历史事件和经营哲学	班主任/园长	第一周
5. 机构的目的和目标		
（1）概括幼儿园的使命和远景规划	面试人员	录用前
（2）简要介绍	总园长	第一天
（3）详细介绍	班主任/园长	第一周
6. 岗位责任方面的信息		
（1）简要介绍岗位责任	面试人员	录用前
（2）概括职责描述	班主任/园长	第一天

（3）介绍工作岗位　　　　　　班主任/园长　第一天

（4）在岗培训　　　　　　　　资深班主任　第一周

（5）对配班老师的工作继续培训、辅导等进行管理

新教师在职培训清单

序号	培训内容
1	幼儿园文化与规章制度
2	幼儿园教职工快速成长之路（如何做合格的员工；如何做有志向的教师）
3	师徒结对（如何做徒弟）
4	如何做好配班和一日带班工作
5	如何快速提升感染力
6	如何备课
7	如何听课和评课
8	如何把话说对、说好
9	如何与家长沟通
10	《指南》与幼儿学期发展目标
11	新教师如何参加教研活动
12	新教师常用心理学知识
13	如何建立幼儿常规
14	五大领域教学
15	常用游戏介绍
16	如何制作 PPT

第三节　在职培训

一、为什么在职培训是必需的

我们无法肯定所有幼儿园教职工都掌握了工作所需要的一切知识和技能，即使他们今天可以胜任工作，并保持工作效率，但明天呢？他们是否掌握了能够推动幼儿园不断向前发展的知识和技能呢？所以在职培训是必须的。

培训指的是向幼儿园教职工传授工作所需的知识和技能的所有活动，是与工作有关的任何形式的教育。培训可以有计划地开展（如在正规的教室里进行），也可以随时随地地进行，把它作为日常工作的一部分。如果培训是

有效的，幼儿园教职工就可以从中获益。

岗前培训为幼儿园教职工提供了开始一项新工作的信息，而接下来的培训则满足他们继续发展的需要。培训使幼儿园教职工掌握了帮助幼儿园发展壮大的方法和知识，同时还会让幼儿园教职工对幼儿园感觉良好。为什么呢？因为他们不但能感觉到自己胜任工作，而且会认识到自己是在为一个关心幼儿园教职工职业发展的幼儿园工作。

二、哪些人应该接受培训

1. 新员工——入职培训
2. 能力不够者——技能/素质培训（内训）
3. 优秀干部——技能/素质培训（外训）
4. 储备干部——技能/素质培训/领导力培训（内训/外训）
5. 全体员工——团队训练（拓展）

三、培训什么内容

1. 专业技术技能

每一个行业都需要员工掌握一定的专业知识和技能，幼儿园也一样。如果所聘用的员工不具备完成工作所需要的有效技能，幼儿园就要对他们进行技能培训。例如，全体教师都需要学会使用相应教学设备，如投影仪、音响、消毒液的配比、计算机、复印机、电话系统或其他办公设备。

培训可能是针对一套复杂的技术技能的学习，也可能只是对其整个过程中的一小部分进行学习。例如，物质采购员需要掌握有关食品安全、幼儿玩具安全标准等一整套技能；而一名食堂厨师只需要掌握自己工作岗位上的一种技能。

2. 工作过程或流程

每一所幼儿园都有自己的运作方式。幼儿园在年复一年的基础上已经建立起一整套教务管理、家长工作、接送幼儿、大型活动的管理体制。一些工作过程和流程简单易学，而另一些则需要通过培训才能掌握。要想使新员工迅速上路，帮助所有员工适应工作过程或流程中的任何变化，培训是一种最有效的办法。

3. 人际交往的技能

通过开发员工的人际交往技能可以提高他们的工作效率。任何人都不可能生活在真空中，因此，人际交往技能和完成工作所需要的其他技能一样重要。许多机构（无论是幼儿园或幼儿园）经营者都会提供培训机会，帮助员工开发自己人际交往技能，因为他们确信这种培训能提高员工的工作效率，并营造出一个更为积极、和谐的工作环境，幼儿园亦会由此得到回报。人际交往技能培训帮助员工开发诸如沟通、时间管理、客户关系管理、问题解决、督导管理以及特殊家长服务等技能，这种培训往往是为了提高团队的工作效率或帮助员工适应幼儿园的某些文化而设计的，在培训过程中所使用的技术的手段和培训内容一样重要。

四、什么时间培训

一般是什么时候需要就什么时候进行培训。这道理似乎显而易见，但果真如此吗？事实上，许多幼儿园往往是在时间比较方便或培训费用比较便宜的时候提供培训，而不是在幼儿园需要培训的时候开展这项工作。

举个例子，假设幼儿园引进了一套新教材，要想学会使用该教材需要一天时间的培训，卖方可以在下周的某一天提供培训。为了从所花费的资金中获得最大收益，你让所有员工都参加了培训，尽管有些员工要到下个月才使用该教材。从眼前看，这是一个合算的决定，但它很可能会演变成时间和资金的浪费。对于那些不马上使用该教材的员工来说，即使学会了，到使用时也早忘记了。要么需要对他们再培训一次，要么需要让他们在反反复复的尝试中，在有可能造成昂贵损失的错误中重新学习。

对于以下三种情况需要幼儿园为教职工提供培训。

第一种情况是有新老师加盟幼儿园。大多数新老师都需要通过培训熟悉幼儿园的设备、工作流程和行为标准。这项工作在岗前培训中就开始了。即使新员工进入幼儿园已拥有了优异的工作技能，他们必须了解幼儿园运作中的细微差别，很少有员工刚进入幼儿园就掌握了幼儿园需要的一切技能。

第二种情况，幼儿园还需要不时地培训老员工。例如，如果新开了一家幼儿园，那就要学习做市场调查，让员工掌握幼儿园营销方面的技能；如果幼儿园有员工提拔晋升担任更高职务工作，培训就能教会他如何提升领导力。为了适应家长的需求，任何幼儿园都要不断调整自己的流程和政策，而这一次又一次的优化都需要对老员工进行培训。

最后一种情况是为了满足补救需要。补救需要的原因是员工不具备工作所需要的基本技能。在某些情况下，尤其在人才市场专业人才紧张时，我们不得不雇用一名明知缺少必要技能、需要进一步培训的员工（例如幼儿园食堂需要招一名做面点早餐的厨师，目前招聘不到这样人，那就可以培训做中式饭菜的员工学习做面点或西式餐点）。或者，员工在面试时似乎具备必要的工作技能，但在实际工作中的表现却不尽如人意。另外，由于工作需要改变了，原来合格的员工也需要掌握新知识或新技能，才能胜任当前的工作。尽管大多数幼儿园都愿意在补救培训上投资，但是也应该有计划、有策略地开展。我们的目的应该是一旦在培训上花了钱，幼儿园和员工就要得到充分发展。而不是花了钱，员工却仅仅达到一般水平。

除了这些必要的培训外，我们还可以通过培训为员工提供掌握新技能和新知识的机会，为他们未来的晋升增加筹码。我们可以在工作中对员工进行交叉培训，教会他们从事幼儿园内的其他工作。如果幼儿园经营者鼓励持续的专业发展，他们就在员工心里灌输了一种不断学习的价值观念，并能建立一支思想更为灵活、能力更为卓著的团队。许多员工把这类培训机会看做是诱人的"特权"。

如果幼儿园有一个综合性的培训方案，就意味着你已经意识到上述所有方面的培训需求。综合性培训方案中可能包括：一份全面的新员工岗前培训计划；一份培训资源清单，以满足任何可能出现的补救需求；一套定期评估全体员工需求并提供相应培训的系统。综合性培训方案需要我们对员工和幼儿园的持续发展保持密切关注。

管理小贴士

有关培训时间

1. 在岗培训时间周期不宜太长（一周为宜）；
2. 每节课程设置不宜太长（不超过90分钟）；

3. 受训者的平均注意力周期不会超过 5 分钟；

4. 尽可能让受训者的五官都动起来；

5. 尽可能采取多种授课方式，以防止受训者疲惫。

骨干教师培训内容清单	管理人员培训内容清单
如何辅导新员工	幼儿园品质及解读
如何做年级组长和教研组长	如何营造幼儿园文化
如何写论文	如何制定幼儿园发展规划
如何策划、组织各类亲子活动	如何设计幼儿园课程
如何使一日带班具有更大的教育价值	如何制定队伍建设方案
如何上好整合活动	如何制定幼儿园工作标准
如何做好主题教育	如何制定家长工作标准
如何设计组织区角活动	如何做好外联工作
如何设计、组织公共区域活动	幼儿园管理体制
如何做好资源库建设	如何筹办新园
如何上好一节示范活动	幼儿园的开源节流

管理小贴士

　　幼儿园的培训技巧——当提到培训两个字，你的头脑里可能就会出现"学生坐在教室里，老师给他们上课"的画面。事实上，在幼儿园里，课堂培训不是惯例而是例外。许多参与培训的员工从未进过教室，他们边干边学，通过师傅、朋友辅导或者自学来完成培训。而且，即使是教室里的培训也很少是讲座形式的，幼儿园培训需要的是相互沟通和亲身操作。可供选择的培训手段有很多，但我们需要根据受训者和幼儿园的需要谨慎挑选。从逻辑上讲，我们必须保证培训与员工的需要相一致（虽然难度可能很大），培训所获得的效果远比因为减少了培训课程而节省下来的时间和经费收益更大。

五、在岗培训

在岗培训是指员工在日常的工作环境中一边工作一边接受的培训。这种培训可以是正式的，也可以是非正式的。正式培训时，培训者会遵循一些书面的流程和规则进行培训；而非正式培训时，培训者通常没有书面的流程和规则材料，他们按照自己的方式辅导员工。有时候在岗培训甚至没有培训者，员工一边干一边摸索相关的知识和技能。

如果工作中使用的材料和设备很难搬到教室去，在岗培训方式是最好的选择。当培训内容很简单，不需要正式的课堂学习时，在岗培训也是一种最常见的培训方式。如果按照下列步骤开展在岗培训，它一定会成为最有效的学习方式之一。

第一步：向员工解释工作。这种解释要全面，其中包括为什么需要这一特定的工作或工作流程，它是如何影响其他工作的；这一工作如果出现差错会造成什么后果。这一步的目的是让员工在掌握具体工作前有一个初步的了解。

第二步：给员工演示整个工作过程。如果是示范一项有形任务，如接电话、家长来园接待，一定要慢慢做示范，让员工有机会记住每一步。而且要保证演示适合于员工的观察角度。例如，如果是面对着员工演示，员工学到的操作就是反方向的。如果工作过程很复杂，应该每次只演示一步。不过到底演示是从第一步开始还是从最后一步开始，取决于员工要掌握的技能是什么。

新员工还需要掌握一些无形的工作流程，这些工作流程也要通过演示进行培训。例如，演示如何进行电话问询或如何对付一位发火的家长。

第三步：演示结束后，要鼓励员工提问，根据问题可以重新演示一遍，并鼓励员工在演示过程中进一步提问。

第四步：让员工试着自己动手做。请员工说一说自己在干什么和为什么要这样做，这可以帮助我们确认员工是否真的理解了工作过程。如果员工很吃力或有点灰心，可以帮他一把，若有必要，也可以再演示一遍。

第五步：继续观察员工的工作，并提出反馈意见，直到双方都对员工的操作过程感到满意为止。让员工清楚地知道自己什么地方有进步，什么地方做得好，并给他足够的时间练习，直至他有信心独立完成工作。教会员工在整个过程中检查自己的工作质量，让他们感到自己有责任提高工作质量。

当在岗培训结束，员工对新技能实践一段时间后，要回过头来再看看员工干得怎么样。了解他们都有什么困难，是否找到了改进工作流程的方法，是否需要进一步的培训或帮助等。

以下是一所幼儿园的简易，岗前培训（一家社区型普通幼儿园），可供参考。

徐园长九月份从师范院校招到四名应届毕业生，面谈约定好录用后，周园长开车将四位新老师及行礼接到了幼儿园，并给他们安排好宿舍。第二天便开始了新员工培训。

1. 要求四位新老师每天都做学习工作小结；
2. 分别给四位老师指定了一位师傅（辅导老师）；
3. 给四位老师发了一份《班主任岗位说明书》及《一日工流程》；
4. 周园长隔天就会花十分钟跟四位新老师面对面沟通交流。

这样下来发现效果非常好！虽然不是很正规的培训，但是这样的培训有内因的突破（写小结），有横向最贴切的人员指导，有了最基本的本职工作职责和学习方向，又有人情的关怀，能很好地帮助新教师建立归属感。

六、自学和教材编写

自学，是一种经常被人们忽略的培训方式。当培训需求千差万别时，员工对自己进行培训就成为一种有用的方式。员工可以自己选定培训内容，只学习和掌握那些与自己工作有关的技能。

标准化教材指的是专门为自学者设计的培训材料，员工可以学习某方面的培训内容，完成相应的活动，解决相应的问题，并对自己学到的新知识和新技能进行测评。标准化教材可以是行业书籍，多媒体教材，如 DVD、网络、工作手册等，也可以几种工具组合起来使用。有时，员工还可以通过网络、微信、电话和邮件而获得培训老师的指导。

自我指导式培训可以是专门为员工个人设计的，也可以是专门为员工群体设计的。例如，如果其中一位员工希望学习更多有关领导和管理方面的内容，而幼儿园又没有这方面的培训，就可以和员工一起设定学习目标，制定实现这些目标的自学计划。员工需要阅读相关方面的书籍和杂志，看一些录像资料，参加相应的座谈会。园里可以每星期给员工安排一定的自学时间。自学结束后，要求员工根据自己掌握的知识提交一份适合运用于本幼儿园当前需要的报告或提案。员工接受的培训会让幼儿园受益，也能为他将来从事领导工作做好准备。

不过，尽管自学是一种有效的培训方式，但它也有一些缺陷。有些员工会觉得它缺乏人情味，或枯燥乏味。因为自学，所以没有旁人能鼓励自学者坚持学习。自学需要个人有极强的自律性，那些不清楚学习目的和培训价值的员工很难进行自学。幼儿园可以通过为自学的员工指派一名辅导员来弥补这些缺陷。辅导员可以给自学者布置一些额外作业，增强流程化教学的趣味性，还可以激发和鼓励员工坚持自己的学习进度，并最终实现学习目标。

管理小贴士

视频教学是很好的方式，市场上许多这类产品，有些内容很不错。在购买之前，一定要保证培训内容有趣而且准确，并且与工作有关。人力资源主管可以自己先观看一遍，并提炼出与本机构相关的教学亮点，再统一组织观看或让教职工自己观看，最重要的是看完一定要写感悟，最后再集中剖析、分享这一视频在自己工作中的运用价值。

七、辅导

辅导与在岗培训有共同之处，员工要与其他人并肩工作，由其他人来观察员工的工作表现并给予反馈。二者不同之处在于关注点不同，在岗培训是要帮助员工掌握某一具体技能或学会做一件具体工作，而辅导则需要投入长期的努力，常常是为了帮助员工掌握"软"技能而设计，如人际交往技能、管理技能或领导技能。在岗培训常常是帮助员工学会干目前的工作，辅导也可以达到这一目标，但它常常是为了帮助员工为新工作做准备。例如，辅导经常用于帮助员工为走上领导岗位而做准备。

员工和辅导老师之间的关系是一种典型的长期关系，常常是自然形成的，是非正式的，如同一位阅历丰富的老兵把涉世未深的新兵保护在自己的翼下。在某些幼儿园中，一位资深员工会在某段时间内做一位初学乍到员工的辅导员或辅导老师。不论任何情况，辅导老师都应是一位向导，一位宣传家，一位啦啦队队长，一位门徒的楷模。

八、课堂培训

这种正规培训通常不在工作环境中进行，一般由一位教师或督导员指导学习。课堂学习可以是直接买来的现成教案，也可以是为了满足幼儿园的某一特定培训需求而专门订做的。有时候，专业培训机构会提供各种技能的课堂培训。例如，许多培训咨询公司会提供电话礼仪和家长服务方面的培训。精心设计的课堂培训是传授技能和知识的有效方法，但和其他培训方式一样，也有其优点和缺点。

课堂培训是向一群员工传授同一种技能或知识的好办法。所有人通过同样的方式获得同样的信息，而且员工有机会在团队中相互交流或共同解决问题。然而另一方面，幼儿园可能会发现课堂培训不够实际。例如，如果需要设备操作方面的培训，显然在教室里进行就不现实。另外，幼儿园的员工少，坐不满课堂，除非整个幼儿园停工培训。

尽管课堂培训有这样的局限性，但它还是会使幼儿园受益。有时课堂培训只有几个参加者却能进行得很成功，如果希望更多的人参加培训，可以请其他幼儿园来"共享"培训。另外，也可以请一位"临时人员"看管一下办公室，或干脆临时关闭一下幼儿园使所有员工都能参加培训。

管理小贴士

培训纪律管理

培训采用加分制，每人基础分为 60 分，每人每天如没有任何违规，则加 8 分。如果一切都按照"一流人才、一流风范"的标准做到，5 天课程总分为 100 分。总分低于 80 分的作延训和退训处理。总分高于

110分的可作为优秀学员候选人。

1. 每天上午、下午以小组为单位进行点名；迟到者每次少加5分。旷课一天者延训或退训；

2. 课间巡视，椅子、水杯不归位者，每次少加2分；

3. 检查学员着装与班级纪律执行情况；

4. 严禁学员在上课时吸烟、吃口香糖及其他零食等，否则少加5分；

5. 严禁学员在上课时使用手机，否则少加5分；

6. 保持教室内桌椅摆放整齐，经常对教室的卫生进行清理；

7. 在笔试和口试过程中，维持考场纪律，作弊者作退训处理。

第四节　谁来为幼儿园进行培训

现在假定已经明确幼儿园需要开展某方面的培训，接下来需要确定由谁来承担培训任务。大型幼儿园可以把目光转向自己的培训部门，但小幼儿园并没有设这样的机构。不过，有下面几种培训资源可供选择。

一、内部培训资源

1. 幼儿园的职业园长和部门领导；

2. 具备特殊知识和技能的员工；

3. 幼儿园的投资人。

幼儿园中有三种关键的内部培训资源：职业园长和部门领导；具有特殊技能、知识和经验的员工；幼儿园所有者。不可忽视这些重要的资源，因为他们可以使受训者和培训者双方都得到提高。

部门领导和职业园长是培训员工的合理人选。首先，他们既具有专业知识又具有宝贵工作经验；其次，他们希望员工获得成功，因为这可以表明他们自己的出众领导才能；最后，他们是在培训自己的员工，所以肯定能保证培训与工作有关。无论采取哪种培训方式，职业园长和部门领导都是宝贵的培训资源。而且根据岗位说明书，他们也应该参与培训，并为员工提供辅导。

幼儿园的其他员工也许同样具备培训者的知识和技能。他们可以协助进行在岗培训，或者成为其他员工的同伴式辅导员。当员工培训员工时，一种团队工作精神便在幼儿园中形成。另外，这样做也能锻炼培训者本人的领导才能。

与职业园长和部门领导一样，幼儿园的所有者也应介入员工技能开发的工作中。园长是"总教练"，也是"啦啦队总队长"。作为小园长，会比大幼儿园的首席执行官有一个明显的优势——因为只要你愿意，你可以了解幼儿园每一位员工，并与他们分享知识和经验。

管理小贴士

内部讲师邀请函

尊敬的_____讲师：

_____培训班将在_____年_____月_____日至_____年_____月_____日举办，鉴于您的杰出表现和丰富的经验，幼儿园人力资源部将特别邀请你担任本期培训的讲师。请做好充分准备，将教案和个人简历于上课前两天交给培训专员，并与培训专员沟通授课内容，以达到预期效果。授课时请着职业装，提前十五分钟到达培训地点。授课完后将教案与讲义交给培训专员。

授课内容： 上节课内容：

授课时间：

授课地点：

感谢您在百忙之中抽出时间给予培训部大力支持！

若遇特殊情况请提前与培训专员联系，

电话：

人力资源部

年 月 日

二、外部资源培训

1. 教材供应商、设备供应商可以免费提供培训；
2. 专业培训机构、咨询管理公司专业培训讲师；
3. 当地的大学、学院、职业技术学校；
4. 利用外出培训机会认识的同行；
5. 公开研讨会和学习落地训练会；
6. 大型特色幼儿园参观考察。

如果幼儿园业务繁忙，分不出人手来设计和实施员工的培训方案，那么可以利用外部培训资源。利用外部资源的一个主要好处是，可以经常请到熟悉成人学习理论的培训人员。外部培训人员可以为幼儿园量体裁衣，使培训项目适应幼儿园需求。与内部培训人员相比，他们可以提供更新的观点、更开阔的视野。

而利用外部培训资源的第一个不足之处是，外部人员不可能像内部员工那样了解幼儿园。幼儿园要么花时间和资金让外部培训人员熟悉幼儿园情况以及具体的培训需求，要么就得满足于泛泛的培训项目。第二个不足之处是，外部培训倾向于把主管排除在培训过程之外。当外部培训人员进行培训时，主管们会觉得自己"摆脱了责任"，不再对幼儿园的发展承担责任。为了避免上述不足，最好把内部资源和外部资源结合起来，并根据培训内容和培训人数来综合考虑培训方法。

这里有几种外部培训资源可供参考。

专业培训人员和咨询顾问经常从事培训工作，大多都有多年的培训设计和培训实施方面的经验。很多人都有自己擅长的培训领域，或者擅长在某个行业开展培训，这使得他们可以招之即来，很快就能对员工开展培训。大多数培训人员还能帮助幼儿园确定培训方式和内容。另一方面，专业培训人员和顾问需要的费用不低，这主要取决于幼儿园需要什么样的服务以及培训人员的水平。当然，培训质量也千差万别，因为在培训领域中，既没有资格证书也没有评判标准。

当地大学、专业培训机构、学前教育协会也可以提供各种培训项目，以满足幼儿园的需要。大学和学院通常设有继续教育机构，可以为幼儿园提供培训。利用高等教育机构开展培训的好处是，他们的培训项目多种多样，有的能颁发学院证书，而且费用也在幼儿园的负担能力之内。不利的方面是，大学和学院的培训项目是面向大幼儿园的，因此有的幼儿园的员工也许不能从中获得与大幼儿园员工一样多的收益。另一个潜在的危险是，大学的课程设置更偏重于理论而不是实践。最后，与其他外部培训项目一样，大学提供的培训的质量也是千差万别的。选择学院或大学的培训项目应遵循与选择专业培训人员一样的原则。

请外边的人来培训，不管是独立的专业培训人员还是来自于某个教育机构，都要询问一下他的履历和以前的培训情况。尽量请有过幼儿园管理经验的讲师，因为幼儿园是个特殊的行业——是学校又像企业，像企业其实又算教育部门。我们可以和同行、协会联系，请他们推荐合格的培训人员。可以让培训人员提供他以前进行培训的录像或录音，或者观察他在交谈中的表现。如果打算请他进行长期的培训，那么，就应请培训人员在管理层面前"试讲"一下要培训的内容。这些办法可以帮助我们请到合格的培训人员。

管理小贴士

如何获得最大的培训收益，这里有一个小技巧可以试一试。每次送员工外出参加培训时，应要求他们回来后做两件事。

- 一周内让外出培训者与同事分享学到的知识或技能，即"复讲"；
- 评价培训项目的质量和培训人员的水平。这可以帮助确定以后是否值得进一步投资于这类培训，评价该培训人员是否是称职的教师。同样，也可以采用备忘录的形式，或者发一张简单的评估表，请员工评价培训人员的培训技能和培训项目的质量。

第五节 建立培训体系

在继续学习之前首先要明确一点，即我们在寻找培训资源方面已经没有任何问题了。现在的问题是如何使这些资源适应幼儿园的培训需要。任何培训计划都要与幼儿园的发展项目和远景规划相吻合，否则，培训就失去了重点和方向。如果有必要，在按照下列步骤制定培训体系之前，可以重新温习一下幼儿园的目标或优化一下幼儿园目标。

1. 了解成人是如何学习的；

2. 确定员工的培训需求；

3. 开发培训计划和方案；

4. 确保在工作中运用培训内容；

5. 实施培训；

6. 评估培训。

第一步：了解成人是如何学习的

为了给幼儿园制定一个行之有效的培训流程，首先要了解员工是如何学习的。在学习风格方面，有一些专门针对成人如何学习的研究，了解这一领域的有关知识会对幼儿园制定培训方案和开展培训工作有所帮助。简言之，我们应该了解下面这些基本知识。

学习风格是指个人如何利用自己的感官去接受、加工和记忆新信息。有些人是听觉学习者，他们听人讲时学得最好；有些人是视觉学习者，他们看到文字或图画时学得最好，运动学习者当整个身体投入活动时才会获得最大收益；触觉学习者乐意动手参加学习活动。意识到不同的人有不同的学习风格，就会明白为什么课堂教学也许不是向员工传授新知识、新技能最有效的方法。优秀的培训人员应该认识到，他们要使用几种不同的方式（上课、演示、小组活动、个人练习等）来传递一个信息，以使大多数人了解它。如果你回头温习一下在岗培训的步骤，就会发现在岗培训为上述每种学习者都提供了某种方式的帮助——这也是为什么在岗培训只要正确开展就会行之有效的原因所在。

当今的幼儿园，每年有一半以上的成人要参加某种形式的学习，这使得教育工作者一直有机会研究成人学习的特点。和年轻学生一样，成人也有着不同的学习风格。另外，他们和年轻学生又有所不同——学习动机不一样。在制定培训计划时，要注意到成人的特殊性。

- 成人学习者需要尊重。

- 成人学习者都要自立自强，经常会进行自学。

- 成人学习者很实用——他们希望学习有用的东西，而不想学习毫无意义的东西。

- 成人学习者积累了很多生活阅历。

- 成人学习者不喜欢别人告诉自己该干什么。

- 成人学习者身肩多重责任，因此，他们不希望浪费时间。

员工培训旨在建立他们的自尊，而不是破坏他们的自尊。要让员工有机会提问，并回答他们的问题。让他们在小组中与大家分享自己的知识专长和个人经验。在培训中，要让员工自己形成看法，自己找到答案，而不是告诉他们该干什么、什么时候干。最后，为了满足员工对实用性知识的要求，培训中提供的信息和技能要能很快应用在工作中。培训者要选择员工可能面对的实际问题和情景案例，这样员工就能把观念化的信息与实践建议结合起来，并把观念运用在工作中。

学习本身应该是一件乐事。只要培训内容实用有趣、文字流畅、易于阅读，优秀的培训人员就能够让员工保持专注力。

管理小贴士

大多数人都了解自己的学习风格，显然，阅读本书的材料会对视觉学习者非常有效，但对其他学习风格的人而言，这就不是一个了解主要概念的有效方法。如果你不是视觉学习者，你可以想出另外一些办法来适应自己的学习风格。例如，对于听觉学习者，可以把这本书的内容大声读给自己听，或者让别人给自己朗读，也可以听磁带，这些方法可以增强你对书中内容的理解和记忆。触觉学习者如果把主要观点写成笔记可能更容易记住内容。运动学习者也许愿意一边阅读一边在屋里来走蹓步，或骑着健身车阅读。你所遇到的问题是，虽然你了解自己的学习风格，但常常没有太多机会决定学习材料的编排。因此，你要自己创造机会，因为只有你自己才能对学习全权负责。

第二步：确定员工的培训需求

尽管评估员工的培训需求很费时间，但还是值得去做的。许多幼儿园在培训方面犯的错误就是没有把培训与幼儿园的战略目标联系在一起，结果员工非但没有得到所需要的知识和技能，反而把时间花在他们认为没有用的活动上，浪费了他们的时间。

培训需求评估就是确保所提供的培训与员工需要的技能和知识有直接联系。在进行需求评估时，主要了解员工需要知道什么和有潜力做到什么与他现在已经知道什么和能做到什么之间的差距，并通过培训缩短两者之间的差距，从而获得高效率的员工队伍。

在确定培训需求时应采取下列步骤：

1. 开展岗位分析，描述该工作的主要责任、任务和活动。

2. 列出完成每项任务和活动需要掌握的技能和知识（参照《岗位工作说明书》）。

3. 评估员工，确定他们在技能和知识方面的差距。这可以通过测试、观察和绩效评估来进行，还可以发一份《培训需求问卷表》，让员工填写，以便人力资源部门统计汇总作为制定培训计划的依据（如下表）。一般而言，员工和主观都清楚地了解他们哪些地方是薄弱之处。例如，用"以考代培"方式可以了解员工的培训需求，许多员工对培训的需求认识度不高，好像都会做，而当我们去考核时，他才会发现自己有很多不足之处。

管理小贴士

××××年培训需求调研问卷

姓　　名：＿＿＿＿＿　　　职　　务：＿＿＿＿＿

部　　门：＿＿＿＿＿　　　电　　话：＿＿＿＿＿

汇报岗位名称：＿＿＿＿＿　　下属岗位名称：＿＿＿＿＿　　下属人

数：＿＿＿＿＿

＊以下问题可根据需要和实际情况选择填写，我们将为您严格保密，请放心、如实作答。请勿抄袭，一经发现，所有雷同问卷均作废。

1. 您目前在工作当中主要存在哪些问题？

_____

2. 您亟需提升哪些能力和素质？

_____

3. 您认为您的上级目前在工作中主要存在哪些问题？（无上级请直接进入第 5 题）

_____

4. 您认为您的上级亟需提高哪些能力和素质？

_____

5. 您认为您的下属目前在工作中主要存在哪些问题？（无下属请直接进入第 7 题）

_____

6. 您认为您的下属亟需提高哪些能力和素质？

_____

7. 您认为本年度培训工作的不足和可发扬之处有哪些？

_____

8. 您对下一年度培训工作的建议和意见是什么？

_____

感谢您支持配合我们的工作，祝您工作愉快！

　　这张表格能帮助我们了解员工欠缺的技能和知识。现在回过头来，在我们认为最重要问题上画个星号——如果这些技能得到重视并予以解决，就会大大改进员工和幼儿园的绩效水平。根据这一原则来确定哪些方面急需培训。

　　我们可以针对幼儿园的某个员工或针对全体员工进行上述练习。例如，如果我们认为招生营销对所有岗位的员工都很重要，就可以把该技能列入全体员工需要培训的技能之中。然后确定缺少该技能的员工，在此基础上就可以开展招生营销的培训方案了。

第三步：开发培训计划和方案

确定了培训需求后，下一步要确定的是由幼儿园自己设计并开展培训，还是花钱请人来设计与实施培训。考虑这一问题时，别忘了前面提到的第三种建议，可能这是一种最好的选择：即把内部资源和外部资源结合起来开展综合性培训。

如果决定利用外部培训机构，可以先找两三个机构交谈一下，使他们了解我们的幼儿园和培训需求。我们要尽可能多地了解培训人员，了解他们的培训经历和基本培训思路。对每一位培训人员提出的有关我们幼儿园的任何问题都要给予重视，感受一下每位培训人员可能与幼儿园形成什么样的关系。请那些感到比较满意的培训人员提出培训方案，方案中应包括培训内容和活动、如何开展培训、培训方案的评估以及培训费用。这方面的信息，再加上已经得到的其他信息，可以帮助我们找到开展培训工作的最佳人选。

1. 确定学习结果

无论聘请内部人员还是外部人员进行培训，都要首先确定培训目的，然后确定希望通过培训得到的学习结果。换句话说，经过培训后员工应该掌握什么特殊的知识，作为培训结果他们应有什么变化，员工应该掌握什么新技能——即经过培训后员工应该能够做什么。学习结果越具体，就越有可能设计出正确的培训方案来实现它们。

我们希望员工经过培训后能了解什么，能做什么，利用下面的工作表拟定一份培训课程需要达到的学习效果。通过对下列问题的回答，便可以确定学习结果。

管理小贴士

确定学习结果

培训主题：幼儿园招生营销。

培训目标：帮助教职工做好招生工作，提高教职工招生水平，促进

幼儿园招生。

希望员工通过培训后了解什么？

幼儿园招生其实是不难的。

学习结果：

幼儿园教职工对招生工作不再反感，愿意去招生，不害怕拒绝。

希望员工通过培训后能够干什么？

幼儿园教职工能够学到一定的招生方法（包括来园接待、电话营销、招生活动开展）。

学习结果：

每个人都有零的突破，至少招一名新生，顺利完成本学期招生目标。

提示

根据要达到的学习结果来确定培训中到底应该包括哪些内容。如果请外面的人来培训，要让他了解我们希望达到的学习结果，并请他告诉我们，培训是否可以保证达到这些学习结果。

2. 制定教学计划

制定教学计划，也就是具体确定培训中应包括的信息内容以及如何传授这些信息。如果是要帮助一个员工学会使用某一种设备，那么在岗培训方式可能是最佳选择。如果需要同时培训几位员工的管理技能，那么选择培训内容则是一件较为困难的工作，因为，需要决定是花时间培训他们的沟通技能，还是冲突处理技能、日程安排技能或者其他关系到一线主管成功与否的技能。

我们也许会选择几种培训方法来开展综合性培训，以实现所有的培训目标。例如，管理技能培训可以用一年的时间主要在教室里进行，但每一位员工还需要自学一些内容。在整个培训过程中，他们要始终与培训老师或辅导员保持密切联系。

教学计划或课程计划，是对教学内容的详细说明。教学计划的作用就是帮助我们思考教学过程中的每一步，它还可以为未来从事同样教学内容的人提供指导。课程计划为而后对其他员工进行集体教学或一对一培训提供重要依据。

课程计划要尽量简单，其中包括以下内容：培训目的、学习结果、教学活动、培训材料和预计每次讨论和活动需要的时间。有些计划中还要列出培训人员应该说什么和做什么。好的培训计划应该清晰地勾画出培训内容。

管理小贴士

"五个 E 教学计划"

无论让谁开展培训或开展哪方面的培训，都要在心中装着教学计划。理查德·施弗博士设计了一种称为"五个 E"的教学计划，可以帮助我们完成这项工作。这一教学策略有助于设计满足所有学员需求并适应所有学员学习风格的培训项目，它旨在鼓励学员把学到的新知识和技能应用于自己的工作环境中。

◆吸引（Engage Your Participants）。吸引就是运用各种办法激起学员的好奇心，激发他们的兴趣，让他们心里产生疑问，帮助他们充分调动已有的知识。

◆探索（Explore the Possibilities）。探索就是让学员"心存疑问"，鼓励他们相互沟通和交流。探索活动包括调查研究、解决问题、产生问题、进行假设、产生想法这些过程。

◆解释（Explain the concepts）。解释就是鼓励学员倾听他人的看法，展开批判分析，提出问题，解释并论证自己的看法。解释需要学习者把现在的知识与以往学到的东西进行类比，以此锻炼学员的批判性思维，鼓励学员准确观察。

◆扩展（Extend new knowledge and skills）。扩展就是要综合新技能，变通以前学习的知识，提出新问题和学习新信息。扩展要求学员分析论据，考察他们是否完全理解自己的想法。

◆评估（Evaluate the learning）。评估用来了解学员是否真正理解了知识，通过提出开放型问题鼓励进一步调查研究。最好的证据就是可以观察到行为的改变和技能的运用。

××幼儿园教职工岗前培训方案

培训时间： 2015 年 7 月 28 号——8 月 11 日

培训时间： 上午 8：30—12：00 下午 14：30—18：30

培训园所： ××幼儿园

培训目的： 让新员工了解幼儿园的规章制度、工作流程，熟悉自己的岗位职责并能在实际工作中完成，建立新员工对幼儿园的归属感。

材料： 幼儿园岗位说明书、幼儿园一日工作流程。

设备： 投影仪、相机、白板、白板笔、签到表、笔记本、笔。

培训日程安排：

培训日期		培训内容	培训教师
7 月 28 日	上午	全体教师，培训启动仪式。 1. 园长讲话 2. 宣讲培训要求 3. 做自豪的××幼教人 4. 园歌学习演唱	主持人： 刘老师
	下午	幼儿园办园理念及招生规范	刘老师
7 月 29 日	上午	教师专业化发展与职业规划	李老师
	下午	《幼儿园教育指导纲要》解析	李老师
7 月 30 日	上午	幼儿园教职工的职业礼仪培训	王老师
	下午	作一名幸福的幼儿教师	
		教师才艺展示	全体教师
7 月 31 日	上午	《创造性思维发展整合课程》解读	王老师
	下午	如何与家长沟通——家长工作的技巧与策略	王老师
8 月 1～4 日		幼儿园教职工实践活动	全体教师

（续）

培训日期		培训内容	培训教师
8月5日	上午	教师一日工作流程解析	李老师
	下午	幼儿园教育文案与观察记录的书写	王老师
8月6、7日	两天	团队打造（××拓展训练基地）	全体教师
8月8日	上午	幼儿生理特点及保健	黄医生
	下午	环境创设、幼儿园双语教育与英语环境创设	王老师、全体教师
8月9日	上午	家园联系手册的使用和指导	王老师
	下午	环境创设	王老师、全体教师
8月10日	上午	幼儿园文化建设与制度管理	李老师
	下午	环境创设	王老师、全体教师
8月11日	上午	考试： 1. 理论笔试； 2. 应知应会比赛：叠被子、配84消毒液、六步洗手法、拖地、摆餐盘等。	李老师 王老师
	下午	结业汇报：园长讲话、礼仪展示、园歌园舞展示、团队宣誓。	王老师

管理小贴士

制定教学计划

培训主题：

培训目的和目标：

材料：

设备：

过程和内容（日程安排表）：

回过头来看看前面有关学习风格的讨论以及本章中"五个 E"的描述。我们所设计的教学计划是否照顾到了每种类型的学习者？培训方案中是否包括吸引、探索、解释、扩展、评估五个方面？我们相信自己会通过培训达到学习结果吗？如果并不确定，那就想一想该怎样修改教学计划，以保证培训达到预期目的。

第四步：确保在工作中运用培训内容——培训的落地方法

培训面对的最大挑战之一是要确保员工把他们学到的东西应用于工作中。员工常常不能把学到的东西应用到"现实工作"，因为他们不知道该如何运用。因此，在培训中不仅要给予充分的时间让他们记录并讨论如何运用新知识，还要留有时间让他们进行有针对性的练习，这样才能保证培训落地，学以致用。

另一个关键因素是主管人员的参与。只要可能，部门领导和一线主管就要参与培训，至少培训人员在培训前要与主管取得联系，告诉他们培训的大致情况。主管要知道在培训前和培训后如何支持员工。培训人员应该告诉他们具体的工作，例如，让主管在培训前与员工谈话，告诉他们参与培训的一些小技巧。培训结束后，主管要请员工演练一下学到的技能，主管和员工还可以共同制定一个在一定时间内应用新技能和新知识的计划或目标。确保培训落地"学以致用"的最佳办法是尽可能多地在培训和工作之间建立联系。

先花几分钟考虑一下我们制定的教学计划和想要达到的学习结果。培训的最终目的是要在工作中应用培训内容。为了保证培训中传授的知识和技能能应用于实际工作，请思考下面案例中的问题，并尽可能得到员工和主管的帮助。

案例：

培训主题：有效的家长工作服务体系

1. 员工在实际工作中难以实施与该培训主题有关的内容的实例有哪些？

● 幼儿园教职工忘记了追踪联系，或在第一次会面与后来的追踪联系之间的间隔时间过长。

● 幼儿园教职工未能成功地建立起一套定期的家长工作服务体系。

2. 有哪些办法可以实现学习结果，帮助员工解决问题？

● 他们可以建立一套记录家长工作服务的体系，以便为所有家长提供更好的服务。

● 他们通过与家长建立服务体系可以成功招生。

3. 有哪些办法可以向员工表明建立系统的好处？

● 让员工自己列出与家长建立服务体系联系的好处。

● 让其他教职工讲述家长工作服务体系是如何帮助他们拓展业务，并为家长提供更好服务的。

4. 你可以在培训中开展哪些活动，以帮助员工理解如何把这些信息应用于实际工作？

● 让员工自己讨论家长如何成为老师的得力助手、成为老师的智囊。

● 让学员自己明白家长是老师取之不尽、用之不竭的教育资源。

5. 如何让主管参与培训过程？

● 一旦体系建立起来，主管应及时与幼儿园教职工见面，每个学期都要评估该体系的运作情况及对家长进行追踪联系的结果等。

管理小贴士

在工作中应用培训内容的计划

培训主题：

1. 员工在实际工作中难以实施与该培训主题有关的内容的实例有哪些？

2. 有哪些办法可以实现学习结果，帮助员工解决问题？

3. 有哪些办法可以向员工表明建立系统的好处？

4. 可以在培训中开展哪些活动，以帮助员工理解如何把这些信息应用于实际工作？

5. 如何让主管参与培训过程？

回顾一下我们打算从培训课程中获得的学习结果。在这一学习落地训练中所针对的问题与确定的学习结果是否一致？在教学计划中，是否打算让员工和主管都参与到培训过程中？如果还没有，可以进一步修改教学计划，以保证培训中所学的内容可以运用到实际工作中。如果我们自信该教学计划很完善，可以教给员工新知识和新技能，并实现学习结果，那么就可以实施培训了。

第五步：实施培训

培训这一天到了。培训人员要提前到达培训地点，确保一切就绪。如果培训人员要使用设备，应该先试试设备是否运转正常。员工到齐后，培训人员要和他们互相介绍，尽量让参与者感到身心放松，这能在培训正式开始前就建立一种和谐的气氛。

无论是对单个人的技能培训，还是对一群人的知识培训，每一次培训课程都包括开场、学习和结束。下面分别介绍三个部分，并提供一些使每一步骤均获成功的小技巧。

开场就是让培训这架飞机顺利起飞，好的开场应做好三件事。

1. 把学员吸引到培训上来，让学员全身心投入到培训当中，避免其他事情的干扰。在学员没有做好听讲准备之前不要开始讲话——好的开场白能使学员进入受训状态，让他们对下一个话题感兴趣。

2. 让学员有某种程度的参与，并促进学员之间的互相联系。虽然没有必要进行正式的相互介绍，但学员需要感到彼此之间以及与培训人员之间容易相处。人们一紧张，记忆力就会下降。所以，好的开场白应该让学员身心放松，对彼此相处感到满意，并关心下一步的活动。如果能让学员在此时投入进来，也就为他们在整个培训过程中的全身心投入奠定了基础。

3. 在开场中要介绍培训主题，并设计培训内容。你可以采取各种办法，如讲故事、提出挑战性的问题、引用名家名言、要求学员反馈等。

此外，在开场中要能够使培训人员在学员中建立信任感，这不仅仅要靠自我介绍，还要利用身体语言，运用事实支持自己的观点，营造出一种宽容、友好的气氛。开场的时间可以是 5～20 分钟。这取决于整个培训时间的长短。

学习时间本身也许很短，比如只有 15 分钟，也可能包括很多门课程，每门一到两天，持续好几个月，这取决于学习的内容。当然，有效培训的关键在于内容。通常所准备的资料要比使用的要多，而实际上使用多少资料要看学员的需要，但必须确保这些资料可以帮助学员达到学习目标。

与培训内容同样重要的因素是培训者的演讲。培训人员要做好充分的准备，要运用各种有效的沟通技巧去指导学习。即使是最精彩的内容，如果学员睡着了，或不能与培训老师沟通，也一样无济于事。

下面是对培训人员的几点建议。

第一，关注学员。要对学员有所了解，让他们感到自己很重要，自己是培训成败的决定因素。对于"这些内容对我有什么用"这类老生常谈的问题，要做好充分的回答准备，可以用目光接触或用热情来感染他们。

第二，使用各种培训技巧来吸引学员的兴趣，并适应他们不同的学习风格。对教学内容要补充实例，帮助员工把知识与他们的实际工作联系起来。用事实和统计数据来增强说服力。开展能让学员积极参与的练习，提出问题，激发好奇心，让学员置身于自己发现他们的工作方法是否有效的情境中，使用幽默、视觉手段、示范和自身的热情来保持他们的注意力。

第三，鼓励学员提问，并有效地回答问题。首先要听懂问题的内容（问的是什么）和问题的含义（意味着什么），然后，重复一遍问题，以确保自己理解了它们。接下来，回答问题，不要对问题本身进行任何批判，不要让提问的学员感到自己很蠢。最好是当场做出回答，如果暂时无法回答这一问题，那就记下问题，留后处理。

第四，利用视听设备和有吸引力的视觉手段，提高学习和演讲的效果。在培训开始前，一定要安装并调试好视听设备，确保这些设备能够运转正常。要发给学员培训用书或其他材料，供他们在培训中使用。这些辅助材料要设计得有吸引力，并包含丰富的信息。这些材料中还应留出记笔记、写心得或记问题的空间。培训结束后，这些材料，包括学员写在上面的笔记，都是工作中可以参考的可贵资料。

第六步：评估培训

只有当培训得到评估后，整个培训才算结束了。我们需要了解员工是否喜欢培训，他们是否学到了应该学到的东西，这两点很重要。如果员工不喜欢培训，多数情形下他们也不会学到什么东西。另一方面，员工仅仅对培训感兴趣还远远不够，还需要确定他们的技能改进了吗，他们掌握了可以提高工作效率的新知识和信息了吗，培训前不会做的事，他们现在会做了吗……

只有当培训和工作绩效之间建立联系时，才能确保培训是成功的。

评估培训有许多方式，常见的是用书面评估表来评价课堂培训，它能对培训人员的质量和培训活动的质量给出反馈意见。但是，人们一般只能记住课堂培训中的一小部分内容。因此，在确定员工对新技能或新知识的应用程度时，就要慎重使用这种评估方式。在两到三个月之后进行追踪评估，会更好地反映出员工在工作中对所学知识和技能的运用程度。在大多数情况下，我们可以通过观察员工的工作情况来评估非课堂培训。最后一种方法是，主管和员工只是交流一下看法，包括新技能在员工工作中的运用情况以及为未来的实施设定目标。

下面是评估培训有效与否的一些建议。

● 请学员在培训课程结束时填写评估表。

● 培训开始时让学员谈谈他们希望学到什么。培训结束时，让他们回顾自己提出的学习目标，并讨论他们究竟学到了什么。

● 不断提出问题，让学员阐述他们是如何理解概念的，并如何在工作中运用它们。

● 每讲完一个新技能或新概念就进行小测验，确保每个学员都掌握了这部分内容。

● 回顾学习结果，让学员证明自己取得的学习成果。

● 培训结束时，让学员花几分钟时间写一写他们如何运用学习成果以及什么时候用。

● 观察员工的工作情况以及对新技能或新知识的使用情况。

● 观察培训前和培训后的员工表现。

● 让学员写下培训中哪些内容对他们的工作最有用，哪些内容最没用。

● 交给学员一项工作任务，要求他们使用学到的新技能和新知识。完成任务后，与每位员工交谈他们的工作，指出他们的不足，并加强学习。

第六节　当培训不能解决问题时

如果我们明白了培训的价值，就可以无限深入地开发员工的潜力。但同时我们也必须认识到，培训不可能解决所有问题。有些幼儿园把经营问题错误地看成是培训问题，如果此时想通过培训解决经营问题，那就白费精力。

有一句经典的话**"如果用一把刀子指着员工他还不会做，那是培训能解决的问题，而当一把刀子指着员工他就会做，那就是态度的问题"**

一、聘用了技能不符合要求的人

很多工作需要人们掌握最低限度的技能和知识。如果雇来干这项工作的人不能满足最基本要求，幼儿园遇到的就是录用问题，而不是培训问题。培训可以使技能上的缺陷得到一定的弥补，但对这一问题只能治标不能治本。幼儿园需要搞清楚为什么雇用了不合格人才，并修正录用措施。

二、是态度问题而不是培训问题

很多时候，培训不能改变恶劣的态度。如果员工的态度影响了工作，幼儿园就需要了解他们产生这种态度的缘由。如果恶劣的态度与幼儿园的气氛有关——例如，工作太多或太少造成的紧张——幼儿园就需要在员工改变态度前解决工作量的问题。如果问题出在幼儿园的组织结构上，却把员工送去培训想让他改变看法，只会使员工的态度更恶劣。

三、培训不能解决所有的工作绩效问题

有时，无论你提供哪种方式的培训，员工也无法改进工作绩效。下面是两个例子。

1. 某员工参加了掌握某种复杂计算机系统的培训，勉勉强强通过了培训考核。可是几个月过去了，他仍然不能操作该系统，那就说明没必要对他进行再培训。有时，员工不适合做某项工作，再多的培训也无能为力。

2. 一位园长想避免在工作中对员工的惩罚。他的一名员工已经参加了一项家长服务方面的培训，但这名员工是个脾气暴躁的人，当处理愤怒家长的不满时，她仍会脾气大发。主管没有与她谈这次的行为举止，而是让她又参加了一次培训。但实际上根本解决不了问题，因为这可能只是个奖惩问题。

某幼儿园培训实践工具

一、培训平台

××幼儿园倡导在"快乐中学习，学习快乐的工作方式"，通过多种培训方式，让学员学到实用的知识或技能。

培训方式	培训内容	培训目标	检查落实
自我学习	工作日志、自己有需求的内容、学历学习	养成习惯	直接主管每周检查下级工作日志
管理辅导及师带徒	工作方法、工作目标、职务说明书、工作流程	应知应会	
常规培训	1. 新知识、新流程 2. 个人管理：时间管理、沟通技巧、职业化发展、人际关系学等 3. 人员管理：高绩效团队建设与管理、员工职业生涯管理、目标管理、绩效管理、有效辅导/指导、有效督导与授权、领导力发展等 4. 业务管理：专业技能管理（营销、人力资源、财务、问题解决等）、文化管理、项目管理、危机管理、客服管理、岗位/操作规范与技能等	胜任本职工作	每月举行一次，基层员工全年必须参加 36 个课时培训；主管及以上管理人员每两个月封闭式学习一天
周会学习	实操经验、心态调整、安全防患	激励与实操经验	教学、保育周会
专题讨论	教学分析、案例剖析、主题讨论	经验总结、突破思维	每月底全体员工大会
读书会	每个季度读一本书	持续的学习，培养学习力	写读后感——书中的内容或观点如何促进工作的改进
户外拓展	团队建设	沟通、凝聚力建设等	幼儿园全体员工的活动

（续）

培训方式	培训内容	培训目标	检查落实
外派培训	招生营销、园长 MBA、幼儿园人力资源管理、园长特训营	系统学习	
电影及多媒体教学	《秘密》、《亮剑》、《首席执行官》、幼儿教育专家教学视频，经典培训 DVD 课程	学心态、细节	观后分享、作好分享记录、每一个学习者做好行动计划
外出参观	参观标杆幼儿园	找差距，学标杆	

二、新员工面谈记录表

姓　　名	部　　门	岗　　位	入职日期	首次面谈日期

到目前，你接受了哪些培训？	
对现任工作的理解、认识。	
你的上级以何种方式进行指导、帮助你开展工作？	
希望得到公司哪些方面的帮助/配合？	
下一步如何开展工作？	
对公司全方面的认识、理解、建议或意见。	
以上转正前填写	其　　他

（续）

	第1天检视面谈（关怀问候为主）： 面谈人签名： 面谈日期：
检视跟踪	第3天检视面谈（这三天的工作情况及需要哪些帮助）： 面谈人签名： 面谈日期：
	第7天检视面谈（接下来两周工作计划分析）： 面谈人签名： 面谈日期：
	第21天检视面谈（三周的工作总结，确定重点辅导方向）： 面谈人签名： 面谈日期：

填表说明：1. 新员工面谈记录表的目的：了解新员工对幼儿园及工作等的认知、掌握，及时发现问题、解决问题，帮助新员工安定、积极地投入工作，最终达到双赢；

2. 新员工入职一周后，由人事主管与其进行首次面谈，做出记录，并跟进三周。

三、培训评估

（一）学员与讲师的互评，对培训组织的评估

1. 学员对讲师的培训内容、培训形式、培训组织进行评估，通过填写反馈表及综合座谈进行；

2. 讲师上课前总结学员上次学习、纪律情况；

3. 课堂上老师对学员进行评估。

（二）年度封闭式培训最后一天进行考核，考核方式为默写岗位说明书、流程标准。考核不及格重新学习，第二次不通过者，停薪待岗。

（三）新员工培训考核方式以笔试与现场情景考核为主，现场情景考核包括招生演练、电话营销模拟、家长接待等，由部门主管与主管领导评审。

员工平时在岗培训由部门主管根据绩效与行为改变评估。

（四）中层培训评估方式

1. 培训现场培训师当场对中层做出学习评估（包括纪律、问答、交流活跃程度等进行）；

2. 培训结束后的下周会上由园务随机指定中层干部分享上周培训、学习心得，及如何在工作中运用，当场检验学习成果；

3. 在下次中层培训过程中，参加的中层都要以上次培训内容结合实际工作情况进行现场分享，由培训师进行工作评估（没有做到的、虚构信息的要进行处罚）；

4. 由高管负责观察中层、直接主管负责观察下属在工作行为上的改变，通过事件进行记录。

（五）高层培训后的转变主要以价值观的转变为衡量标准。

（六）课件、讲义发到 QQ 群上。

四、培训跟进与考核

1. 培训的效果跟进原则是从培训→辅导→巩固的过程。

2. 培训的重要一点就是改变员工的习惯，员工重新发放《自我管理手册》，人事主管协助组织各部门每月检查一次；

3. 每月"优秀岗位能手"的评选，培训没有合格，一票否决，不能参评；

4. 各园发培训记录本，各园《部门培训记录本》，没有培训记录，没有培训运用心得的不能参加各类优秀评选。

五、培训落实应用

遵照"知道的是知识，应用的是智慧"的培训宗旨，旨在培养实用型的管理干部。为了提高培训的效果，要求学员遵循以下的培训应用指南，真正地学以致用：

应用第一步：每次总结当天课程所学内容，做好学习笔记；

应用第二步：培训结束后，每位学员撰写培训心得，行政人事主管检查；

应用第三步：外派学员就培训所学知识对幼儿园其他人员进行二次培训，以便知识的共享；

应用第四步：由行政人事主管组织，幼儿园副园长结合幼儿园实际情况，召开"培训借鉴讨论会"，探讨在培训课程中，哪些是幼儿园现在就可以应用的，哪些是幼儿园需要借鉴并改进的，哪些是幼儿园未来可以用的，哪些是暂时不适合的；

应用第五步：根据"培训借鉴讨论会"讨论内容，制定培训应用计划，并成立实施小组，由副园长分管；

应用第六步：在幼儿园中选择一个部门/班级作为"试验田"，先把学习的经验在这个部门/班级实施，并且不断改善，建立一个适合本幼儿园发展的模式；

应用第七步：把"试验田"模式成功推广至其他部门/班级，并且不断监督、考核，成为幼儿园内部流程的一部分。

六、实现目标的指导原则和思路

1. 做好培训需求调查，与部门主管进行充分沟通，让主管认可培训，形成好的学习心境，让主管参与是最重要的思想工作；

2. 培训通知要生动、有吸引力，培训前要做好培训动员，组织并创造好的培训氛围，调整员工学习心态；

3. 内部培训要有策划案。含目标、计划、实施过程控制、评估效果（心态的改变、习惯的改善、业绩的增长等）；

4. 培训工作重中之重就是要做好训后的考核辅导工作，确保好的观念、好的方法落实到位，只有这样才能把培训转化为生产力。实施工具：《培训心得跟进表》；

5. 培训教材编写。内部培训教材由人力资源部、教研部协助各部门内部培训师开发，并最终编辑成册。课程的开发、课件管理与保存要求各部门配合，人力资源部负责培训档案、教材的管理；

6. 各分园的培训在月例会上报人力资源部，需要外部资源支持的由人力资源部协调，培训课件（电子版/打印资料）提前一周交人力资源部存档，每月 3 日公布当月培训计划安排表。

四月份培训安排表

日　　期	内　　容	参加人员
4 月 8 日	培训主题：如何做好区角环境创设 讲师：××× 时间：18：30 - 9：20 地点：幼儿园会议室 培训简要： 赠言：做有准备的战斗	全员
4 月 8～14 日	新员工入职培训	新员工
4 月 14 日	培训主题：观看电影《秘密》 讲师：李××、××× 时间：18：00 - 21：00 地点：大培训室 培训简要：如何在三十天内让自己的生活焕然一新，实践吸引定律，有条不紊地创造健康、富裕、有爱的生活。 敬请观看影片…… 赠言：吸引力定律——想好的，说好的，做好的，得好的！	全员
4 月 21 日	培训主题：员工辅导 讲师：周×× 时间：14：00 - 21：30 地点：外场封闭式 培训简要：教练型辅导法六大步骤、辅导中的有效反馈训练、OJT 的核心方法、如何在辅导中建立良好的人际关系、员工辅导常见六大问题分析…… 赠言：团队赢，个人赢	部门主管以上人员、储备主管
五月还有更精彩的内容！		

培训心得交流调查表

本次培训主题是	
我最喜欢的一句话、观点、原理、知识是：	
我曾经认为：	
我现在决定这样做：	
我的行动目标将达到：	
本次培训有何优点：	
本次培训有何不足：	
本次主讲人哪些方面需要改进：	
对本次培训总体满意度如何： 　　　　　　很满意 □　　　满意 □　　　一般 □　　　不满意 □	
其他建议：	

姓名：　　　　日期：

培训心得跟进表

姓名：＿＿＿＿＿＿　　部门：＿＿＿＿＿＿　　职位：＿＿＿＿＿＿

受训课题：＿＿＿＿＿＿＿＿　　受训时间：＿＿＿＿＿＿＿＿

受训心得（收获/感受等）	具体准备改进	第一周检视记录	第二周检视记录
1.	1.		

（续）

受训心得（收获/感受等）	具体准备改进	第一周检视记录	第二周检视记录
2.	2.		
3.	3.		

填表说明：

1. 受训心得栏：要求写得具体、实在，不说大话、空话；

2. 具体准备改进栏：要求对照受训心得写；

3. 检视栏：针对具体准备改进栏的每一项进行相应检视。

4. 该表作为培训服务协议中关于培训费用报销方面的考核依据之一。

检视人：_____　　　　检视人：_____

时间：_____　　　　时间：_____

培 训 签 到 表

培训主题：				
主持人/主讲人：		组织部门/组织人：		
时间：		地点：		
应到人数：		实到人数：		
部门				
签 到				
备注				

学员对讲师及培训组织者的评估

评价（请直接在对应项打"√"）	培训师姓名				
您对培训师的整体评价如何	优秀	较好	一般	差	很差
您认为培训师的专业水平如何					
您认为培训师的授课技巧如何					
您认为培训师的仪表如何					
您认为培训师对现场气氛的引导如何					
您认为培训师的互动如何					
您认为培训师对教学进度的控制如何					
您认为这次培训的整体管理水平如何					
您认为这次培训的通知工作如何					
您认为培训场地和使用设施如何					
您认为培训的日程安排如何					
您认为培训管理人员的工作表现如何					
您对培训师和培训的组织还有什么评价？					
您对此次培训还有什么意见和建议？如意见和建议没有包含在上面题目中，请详细说明。					

　　MIMI 老师学完这一章节很兴奋！她对员工培训有了更深入的了解：岗前培训和在职培训是幼儿园人力资源管理者必须熟练掌握的两种继续教育方式，以此促进员工工作效率的提高。我们只有理解了综合培训方案的价值，才会懂得要想使员工有积极的远见、高超的技能，必须经过漫长路途的跋涉。MIMI 老师已具备了为员工设计综合培训系统的必备技能，并能为所有员工在持续发展基础上开发高质量的培训方案。MIMI 老师还学会了如何评估员工的培训需求；如何确定学习结果以指导培训项目开发；如何设计适应不同类型的成人学习者的培训方案，使他们易于掌握技能和知识，提高工作效率。最后，还学会了如何评估培训，以确保员工在工作中运用学到的技能知识。

　　这一章中有很多管理工具，我们要用好它。例如，建立的岗前培训检查表可以使我们将来更容易制定岗前培训计划，在岗培训步骤可以指导我们未来的在岗培训开发有效培训系统的步骤也同样指导我们将来培训系统的建立。"五个 E"是制定教学计划、提高培训效率的宝贵工具。最后，这一章还有大量实用的评估培训效果的工具。总之，非常丰富，非常实用。

第五章
幼儿园绩效管理

　　所有的绩效管理都要基于团队目标、员工个人目标达成及帮助员工成长。绩效的改善往往不仅取决于评估本身，而是在很大程度上取决于与评估相关联的整个绩效管理过程，包括绩效计划、绩效实施、绩效评估、绩效改进等。

　　为了保证效果，绩效管理的所有参与者都必须扮演好自己的角色，一步一个脚印地落实绩效管理的每一个环节。

第一节 幼儿园绩效管理体系

MIMI 老师担任人力资源主管一个学期过去了，人力资源管理中很重要的一个部分"幼儿园的考核"还没有做，但这又是一个难点。前任人力资源主管一来到幼儿园就推行全面绩效管理，但阻力很大，执行不到位，下面人员颇有异议。特别是发工资后那几天，班上老师找到园长询问工资情况，园长解释不清楚，大家就直接电话打到前任人力资源主管那里，有的还打电话给谭总。谭总认为考核造成这样的局面，前景不容乐观。现在 MIMI 老师希望能吸取教训，重新做好绩效管理。MIMI 老师总结了原来绩效考核失败的原因。

- 各园园长认为这件事没有意义，对此敷衍了事；
- 教学主任、保健医生担心与员工发生冲突，怕得罪人；
- 员工怕受批评或惩罚；
- 教师害怕自身的弱点暴露出来；
- 员工认为考核就是扣工资，由此成为激发矛盾的导火索；
- 实施考核了员工改变却不大，好的依旧好，差的依旧差。

MIMI 老师把这些情况与 E 顾问反映，E 顾问笑了笑，问 MIMI 老师："你心目中的绩效管理是什么样的呢？"MIMI 老师说："我也讲不清，原来感觉就是我们的主管拿着表格到班上来检查打分，月底的时候综合起来再交给核算工资的人员，主要用在发奖金、调整工资，便总觉得不太对劲。"E 顾问回答："这哪是绩效管理，这只能算考核统计。而且同样的考核制度和表格在不同的幼儿园也不一定适用，这怎么不会产生矛盾呢？所有的绩效管理都要基于团队目标、员工个人目标达成及帮助员工成长。绩效的改善往往不仅取决于评估本身，而在很大程度上取决于与评估相关联的整个绩效管理过程。**获得中层的理解和支持是绩效管理成功推进的有力支撑。**绩效管理是各层管理者都必须关注的管理过程，包括绩效计划、绩效实施、绩效评估、绩效改进等。而且一定要得到高层支持和鼓励，只有高层领导者领悟并在全体员工中明确系统的主旨后，绩效管理的作用才能逐步突显，发挥重要的作用。绩效管理的所有参与者都必须扮演好自己的角色，一步一个脚印走好绩效管理的每一个环节。下面我们先来学习《基于目标的绩效管理》。"

一、什么是绩效

绩效是管理学的专门术语，从字面上看，就是指成绩与效果，或业绩与技能。具体而言，就是在工作过程中，员工所表现出来的与组织的工作目标相关的并且可以被观测和评价的工作业绩、工作行为及工作态度等。

绩效具有以下几个特点：

1. 工作关联性：绩效是针对工作产生的，它与员工工作过程和结果直接相联，与组织工作目标有关。

2. 可测评性：员工的绩效必须是表现出来的、可以被观测或通过某种工具、手段直接获得的可见结果。

3. 多因性：员工的绩效是受多种因素影响和制约的，并不是某一单一因素就可以决定绩效。

4. 多维度性：指员工的绩效输出是多方面的，以多种形式存在于工作中，如教师的绩效可以是备课的教案，也可以是幼儿的成绩。

5. 时限性：员工的绩效不是一成不变的，会随着主客观条件的变化而改变。

二、教师绩效管理的意义

（一）提升教师的工作绩效，提高幼儿园管理水平

通过绩效计划、绩效沟通、绩效考核以及绩效反馈的管理过程，教师可以明确地了解到自己的教学状况（即工作业绩），从而知道自己的工作与教师一般工作标准的差距。通过绩效考核的反馈发现自己的不足，教师就可以有的放矢地改进自己的教学方法，或在教学内容上进行一定的创新，或改善自己的老师与幼儿关系、同事关系等，以达到提高绩效的目的。

要记住，**员工只会做你考核的，不会做你希望的**！考核一定要让员工理解这么做是对他自己的职业生涯有帮助的！

（二）提高教师工作满意度，保证教师队伍的稳定性

通则不痛，痛则不通！如果绩效管理只做成考核层面，员工肯定会有意见。真正做绩效管理时，一方面要通过不断地进行评估和反馈，促使教师不断进步，使他们获得满足感，实现自我需要；另一方面，绩效管理通过在一定程度上让教师参与绩效计划，评估管理过程，满足他们被尊重的需要。通过这两种途径，绩效管理就使教师产生了较高的工作满意度。

（三）帮助幼儿园走上科学管理之路

绩效管理一开始只在工业企业中运用，工业是在科学化的严谨中发展的。国内幼儿园大部分是民办幼儿园，发展的历史不长，导入绩效管理的过程为幼儿园走上科学管理提供了实践的依据。幼儿园绩效管理是幼儿园人力资源管理的难点，通过绩效管理所获得的各种教师信息，可以为幼儿园管理者在进行各种管理决策时提供准确、可靠的信息，进而提高幼儿园的管理水平。通过对教师进行绩效管理，可以为教师的招聘、教师继续教育培训方案的设计、实施、组织奖惩、薪酬系统及幼儿园人力资源优化组合等管理工作提供依据。

管理小贴士

绩 效 评 估 原 则

● **目标性** 最能体现组织目标和评估目的。建议阶段性解决重点问题，如这个学期重点改善家长服务，那么就在考核权重上分值偏重些，培训及会议也要多探讨这方面的主题，再设定"教学质量"、"安全卫生"、"招生营销"等围绕幼儿园整体管理目标的绩效考核评估方案。

● **激励性** 对员工起到正面引导的激励作用。绩效评估的结果及绩效管理过程中取得的成绩要及时传达到全体员工中去，让员工知"幼儿园支持什么，反对什么"。

● **客观性**　能较客观公正地评价员工工作。绩效管理要有规律的评估过程，不能到了月底时打印象分，如规定每天上午十点去到班上检查幼儿的出勤率与生病率，那每天就必须去。

● **操作性**　评估方法实用性强而易于执行。每一个幼儿园要根据自己的管理状况设定不同的考核项目，建议考核项目由少到多，幼儿园开始推行考核时，从幼儿园最需要提升的、能够考核评估的方面先考核。

● **经济性**　评估方法相对比较节约成本。如果为了考核评估而硬件设施及人工投入很大，那么管理也许改善了，但是总成本也增加了，这样的评估也是不成功的。例如，某小型幼儿园为了能够提升教学质量，能够多到班上去看课评课，新招一名教学主管来做这些评估，那么这样的评估就增加了成本。

三、人力资源管理中常用的考核方法

（一）排序法

这种方法也叫个体排序或排队法，操作时由评估者将员工按照工作情况进行从好到差的排列，一般适用于员工数量较少时的评估。

（二）对偶比较法

具体要求是将所有员工两两配对，分别进行比较，每次都给表现好的员工，也就是"胜出"的员工记一个"√"，最后计算得到的"√"的总数，具体见下表。

对偶比较法示例

考核项目	A	B	C	D	E	"√"的数量
员工A	－			√	√	2
员工B	√	－	√	√	√	4

（续）

考核项目	A	B	C	D	E	"√"的数量
员工 C	√		—	√	√	3
员工 D					—	0
员工 E				√	—	1

从上表可以看出，第一名为 B，最后一名为 D，从好到差的顺序为 B、C、A、E、D。

（三）强制分布法（下表是此种方法的直观表现形式）

强制分布法示例

员工总数	分布比例				
	优秀（10%）	良好（15%）	一般（50%）	较差（15%）	很差（10%）
100	10 人	15 人	50 人	15 人	10 人

（四）关键事件法（被考核职务的关键性工作及要求）

关键事件是指那些会对组织或个人的整体工作绩效产生积极或消极的影响的重大事件（行为及其结果）。管理者将一个员工的绩效判断为"良好"或者"差"，需要一些证据做支持，这绝对不能凭感觉，而是要用数据说话的。这些关键事件除了可以用在对员工的绩效进行考评以外，还可以用作晋升、加薪等人事决策的依据。常常依据 STAR 原则记录关键事件。STAR 原则是由四个英文单词的第一个字母表示的一种方法，由于 STAR 英文翻译后是星星的意思，所以又叫"星星原则"。星星就像一个十字形，共分成四个角，记录一个关键事件也要从四个方面来进行。

S 是 Situation——情境，记录事件发生的情境；

T 是 Target——目标，记录事件发生的原因和目标；

A 是 Action——行动，记录员工当时所采取的行为；

R 是 Result——结果，记录员工行为所导致的后果。

（五）行为锚定法（二战间美国海军发明，按行为优劣评估）

对指标的描述，用一种标准行为来代替，更加方便评估者进行真实有效的评价。进行行为锚定评价法，通常要经过以下五个步骤。

第一，初步确定代表各个指标的关键事件；

第二，将这些关键事件合并为绩效考核要素，并给出相应的定义；

第三，重新组合关键事件及考核要素的定义；

第四，确定各个关键事件的考核等级，即确定"锚定物"；

第五，最终建立行为的锚定评价系统。

四、如何设计绩效考评

从总体上讲，设计绩效考评方案主要分三个步骤，即确定考什么，谁来考，怎么考。如果很好地解决了这三个问题，那么所设计的绩效考评文件就会非常实用有效。

"考什么"是指制定绩效考评的标准。不同职务绩效考评的标准是不同的，因为他们做的是不同的工作，所以用不同的考核内容来进行考核。

首先要弄明白的是该职位的工作内容，可以参考该职务的岗位职责，也可以对当事人进行工作调查，总之要确实掌握该职务的工作内容。

然后，通过与该职务的直接上级进行沟通，找出该职务工作的关键点。这些关键点就是在绩效考评中需要重点考核的内容。比如对于行政人员，事务性工作的处理速度、应急能力等就是工作的关键点。对于教务人员来讲，是否按时完成任务、服务意识就是工作的关键点。在幼儿园发展的不同阶段，各职务的工作关键点也不尽相同，所以我们所要找的是当前的关键点。找到关键点之后，将各关键点所占的比例明确下来。

下一步要将每个关键点的内容进行细化。每个方面可以分为几个层次，比如优秀、良好、合格、较差、很差等，并且对应相应的分数。

将上述这些内容整理在一起，就形成了该职务绩效考评的考评标准。根据需要，可以设置一个总分、合格分等，用来量化员工的绩效考评结果。

"谁来考"是指考评人是谁。不同的考评内容考评人也不尽相同。对于不同的考评人都要有相应的考评表。比如，对于工作任务、工作习惯的考评，直接上级进行比较合适，而对团队合作的考评则进行员工互评比较合适。另外，最好能够加上员工自评，员工自评不计入绩效考评的成绩，只是给直接上级一个参考。如果绩效考评的成绩与员工自评的成绩相差甚远，就表明员工没有对自己进行正确的评价，或者幼儿园的评价有问题。这个时候就要引起直接上级和人力资源部门的注意，积极地与员工进行沟通，认真调查原因。

"怎么考"是指绩效考评的流程。比如可以先安排员工自评，再安排员工互评，然后由直接上级进行考评，最后进行考评沟通。

最后，绩效考评的标准、考评表和考评流程都要形成正式的文件，在幼儿园办公例会上进行讨论，讨论通过之后就可以开始试行。以下示例可供参考。

某幼儿园教职工日常考核表

日期：　　　　园所：

姓名	教学效果考核 5分	生病率、出勤率 4分	教学活动组织 3分	日常生活环节 3分	班级环境 3分	各项计划/表格 3分	家长投诉 2分	家长工作 1分	家园联系册 1分	家长意见 1分	班级安全隐患 2分	安全事故 3分	平日考核 15分	总分
A	4.8	3.7	2.9	2.8	3	2.9	2	1	1	1	2	2.7	14.8	44.6
B	4.8	3.7	2.8	2.8	3	2.9	2	0.8	1	1	2	2.7	14.5	44
C	4.8	4	2.9	2.8	3	3	2	1	1	1	2	3	14.8	45.3
D	4.5	4	2.6	2.5	3	3	2	0.8	1	1	2	3	14.2	43.6
E	4.7	4	2.9	2.8	3	3	2	1	1	1	2	3	14.4	44.8
F	4.7	3.3	2.9	2.8	2.9	3	2	1	1	1	2	2.8	14.5	43.9
G	4.5	2	2.7	2.6	2.8	2.8	2	0.8	1	1	2	2.6	13.7	40.5
H	3.5	2	2.5	2.0	2.8	2.8	2	0.8	1	1	2	2.6	12.3	34.5
	4.6	3.2	2.8	2.8	3	2.9	2	1	1	1	2	2.8	14.6	43.7

某幼儿园保育员绩效考核表

姓名：

项目	第一周	第二周	第三周	第四周	总评
内务整理 20 分					
幼儿健康护理 10 分					
消毒、全日健康观察工作及记录 10 分					
配教 10 分					
家长意见　20 分					
规章制度考核情况 10 分					
其他情况　20 分					
等级					

第二节　激励理论与绩效管理

一、常见的几大激励理论

（一）需要层次理论

亚伯拉罕·哈罗德·马斯洛于 1943 年初次提出了"需要层次"理论，他把人类纷繁复杂的需要分为生理的需要、安全的需要、友爱和归属的需要、尊重的需要和自我实现的需要五个层次。

1. 马斯洛认为，只有低层次的需要得到部分满足以后，高层次的需要才有可能成为行为的重要决定因素。需要是按次序逐级上升的。当下一级需要获得基本满足以后，追求上一级的需要就成了驱动行为的动力。但这种需要层次逐渐上升并不是遵照"全"或"无"的规律，即一种需要 100％满足后，另一种需要才会出现。事实上，社会中的大多数人在正常的情况下，每种基本需要都是部分地得到满足。

2. 马斯洛把五种基本需要分为高、低二级，其中生理需要、安全需要、社交需要属于低级的需要，这些需要通过外部条件使人得到满足，如借助于工资收入满足生理需要，借助于法律制度满足安全需要等。尊重需要、自我实现的需要是高级的需要，它们是从内部使人得到满足的，而且一个人对尊重和自我实现的需要，是永远不会感到完全满足的。高层次的需要比低层次需要更有价值，人的需要结构是动态的、发展变化的。因此，通过满足职工的高级需要来调动其生产积极性，具有更稳定、更持久的力量。

人的需要的五个层次具体分析如下。

（1）生理需要——维持人类生存所必需的身体需要。

（2）安全需要——保证身心免受伤害。

（3）归属和爱的需要——包括感情、归属、被接纳、友谊等需要。

（4）尊重的需要——包括内在的尊重如自尊心、自主权、成就感等需要和外在的尊重如地位、认同、受重视等需要。

（5）自我实现的需要——包括个人成长、发挥个人潜能、实现个人理想的需要。

（二）激励理论——保健因素理论

它是美国的行为科学家弗雷德里克·赫茨伯格提出来的，又称双因素理论。

20世纪50年代末期，赫茨伯格和他的助手们在美国匹兹堡地区对二百名工程师、会计师进行了调查访问。结果发现，使职工感到满意的都是属于工作本身或工作内容方面的；使职工感到不满的，都是属于工作环境或工作关系方面的。他把前者叫做激励因素，后者叫做保健因素。

保健因素的满足对职工产生的效果类似于卫生保健对身体健康所起的作用。保健从人的环境中消除有害于健康的事物，它不能直接提高健康水平，但有预防疾病的效果；它不是治疗性的，而是预防性的。保健因素包括公司政策、管理措施、监督、人际关系、物质工作条件、工资、福利等。当这些因素恶化到人们认为可以接受的水平以下时，就会产生对工作的不满意。但是，当人们认为这些因素很好时，它只是消除了不满意，并不会导致积极的态度，这就形成了某种既不是满意、又不是不满意的中性状态。

那些能带来积极态度、满意和激励作用的因素就叫做"激励因素"，这是那些能满足个人自我实现需要的因素，包括：成就、赏识、挑战性的工作、增加的工作责任，以及成长和发展的机会。如果这些因素具备了，就能对人们产生更大的激励。从这个意义出发，赫茨伯格认为传统的激励假设，如工资刺激、人际关系的改善、提供良好的工作条件等，都不会产生更大的激励；它们能消除不满意，防止产生问题，但这些传统的"激励因素"即使达到最佳程度，也不会产生积极的激励。按照赫茨伯格的意见，管理者应该认识到保健因素是必需的，不过它一旦使不满意中和以后，就不能产生更积极的效果。只有"激励因素"才能使人们有更好的工作成绩。

赫茨伯格的双因素理论同马斯洛的需要层次论有相似之处。他提出的保健因素相当于马斯洛提出的生理需要、安全需要、感情需要等较低级的需要；激励因素则相当于受人尊敬的需要、自我实现的需要等较高级的需要。当然，他们的具体分析和解释是不同的。但是，这两种理论都没有把"个人需要的满足"同"组织目标的达到"这两点联系起来。

这一理论告诉我们，管理者首先应该注意满足职工的"保健因素"，防止职工消极怠工，使职工不致产生不满情绪，同时还要注意利用"激励因素"，尽量使职工得到满足的机会。

（三）期望理论

弗洛姆的"期望理论"认为，一个目标对人的激励程度受两个因素影响：

一是目标效价，指人对实现该目标有多大价值的主观判断。如果实现该目标对人来说，很有价值，人的积极性就高；反之，积极性则低。

二是期望值，指人对实现该目标可能性大小的主观估计。只有人认为实现该目标的可能性很大，才会去努力争取实现，从而在较高程度上发挥目标的激励作用；如果人认为实现该目标的可能性很小，甚至完全没有可能，目标激励作用则小，以至完全没有。

（四）亚当斯的公平理论

又称社会比较理论，由美国心理学家约翰·斯塔希·亚当斯于 1965 年提出：员工的激励程度来源于对自己和参照对象的工资和投入的比例的主观比较感觉。公平理论认为，人能否受到激励，不但受到他们得到了什么而定，还要受到他们所得相较别人所得是否公平而定。

这种理论的心理学依据，就是人的知觉对于人的动机的影响关系很大。他们指出，一个人不仅关心自己所得所失本身，而且还关心与别人所得所失的关系。他们是以相对付出和相对工资全面衡量自己的得失。如果得失比例和他人相比大致相当时，就会心里平静，认为公平合理心情舒畅。比别人高则令其兴奋，是最有效的激励，但有时过高会带来心虚，不安全感激增。低于别人时则产生不安全感，心里不平静，甚至满腹怨气，工作不努力、消极怠工。因此分配合理性常是激发人在组织中工作动机的因素和动力。

亚当斯认为，当员工发现组织不公正时，会有以下六种主要的反应：改变自己的投入；改变自己的所得；扭曲对自己的认知；扭曲对他人的认知；改变参考对象；改变目前的工作。

社会情况比较复杂，要做到绝对公平是很难的，就是对公平的理解，不同的人也有不同的标准。有的人认为贡献和工资应该相当，有的人是以人们的公平分配需要为标准来评价的，有的人认为"大家得到的一样多"就是公平的。现实生活中难以做到公平合理，但绝不是不要在这方面努力。这要求领导者要有甘当公仆的思想，要有遵纪守法、廉洁奉公、工作在前、享受在后的道德品质和作风，对员工要一视同仁，要杜绝拉帮结派、损公肥私、假公济私、行贿受贿、官官相护、任人唯亲等不正之风。只有这样才能避免员工不公平感的产生。当然幼儿园中每个员工也应该提高精神境界，增强自我教育的自觉性和主动性。处处事事都能从国家的振兴和人民的富强着想，顾大局、识大体，绝不斤斤计较，这样更有利于达到自我心理平衡。

公平理论认为，当一个人作出了成绩并取得了工资以后，他不仅关心自己所得工资的绝对量，而且关心自己所得工资的相对量。因此，他要进行种种比较来确定自己所获工资是否合理，比较的结果会有三种：一种是当该比率小于别人的比率时，极易导致职工对组织或管理人员的不满；二是当该比率等于别人的比率时，职工感到组织的公平，会得到强有力的激励；三是当该比率大于别人的比率时，个人可能会满足，但一段时间后，由于满足于侥幸的心理，工作又会恢复原样。

将公平理论应用于薪酬制度，可以得到三种公平的表现形式：内部公平、外部公平和员工个人公平。员工对于幼儿园的不满主要表现为上述三方面的原因，其中内部公平和外部公平是薪酬设计的关键考虑因素，个人公平虽然难以从外部表现来衡量，但对于员工积极性的影响也是实实在在的。

（五）麦克利兰的成就需要理论

成就动机理论是美国哈佛大学教授戴维·麦克利兰通过对人的需求和动机进行研究，于50年代在一系列文章中提出的。麦克利兰把人的高层次需求归纳为对成就、权力和亲和的需求。他对这三种需求，特别是成就需求做了深入的研究。

首先，高成就需求者喜欢能独立负责、可以获得信息反馈和中度冒险的工作环境。他们会从这种环境中获得高度的激励。麦克利兰发现，在小幼儿园的经理人员和在幼儿园中独立负责一个部门的管理者中，高成就需求者往往会取得成功。

其次，在大型幼儿园或其他组织中，高成就需求者并不一定就是一个优秀的管理者，原因是高成就需求者往往只对自己的工作绩效感兴趣，并不关心如何影响别人去做好工作。

再次，亲和需求与权力需求和管理的成功密切相关。麦克利兰发现，最优秀的管理者往往是权力需求很高而亲和需求很低的人。如果一个大幼儿园的经理的权力需求与责任感和自我控制相结合，那么他就很有可能成功。

最后，可以对员工进行训练来激发他们的成就需求。如果某项工作要求高成就需求者，那么，管理者可以通过直接选拔的方式找到一名高成就需求者，或者通过培训的方式培养自己原有的下属。

麦克利兰的成就动机理论在幼儿园管理中很有应用价值。首先，在人员的选拔和安置上，通过测量和评价一个人动机体系的特征对于如何分派工作和安排职位有重要的意义。其次，由于具有不同需求的人需求不同的激励方式，了解员工的需求与动机有利于建立合理激励机制。再次，麦克利兰认为动机是可以训练和激发的，因此可以训练和提高员工的成就动机，以提高生产率。

二、这些理论如何运用到管理上

名　称	提　出　者	基　本　内　容	对幼儿园管理中的启示
需要层次论	美国心理学家亚伯拉罕·马斯洛于1943年提出来的	马斯洛提出人的需要可分为五个层次，这五种需要成梯形分布。后来，他又补充了求知的需要和求美的需要，形成了七个层次。	1. 正确认识被管理者需要的多层次性 2. 要努力将本组织的管理手段、管理条件同被管理者的各层次需要联系起来 3. 在科学分析的基础上，找出受时代、环境及个人条件差异影响的优势需要，然后，有针对性地进行激励
双因素论	美国心理学家赫茨伯格于20世纪50年代提出来的	提出两大类影响人的工作积极性的因素： (1) 保健因素 (2) 激励因素	1. 善于区分管理实践中存在的两类因素，对于保健因素要给予基本的满足，以消除下级的不满 2. 要抓住激励因素，进行有针对性的激励 3. 正确识别与挑选激励因素
期望理论	美国心理学家弗鲁姆于1964年提出来的	人们对工作积极性的高低，取决于他对这种工作能满足其需要的程度及实现可能性大小的评价。激励水平取决于期望值与效价的乘积，其公式是：激发力量＝效价×期望	1. 选择激励手段，一定要选择员工感兴趣、评价高，即认为效价大的项目或手段 2. 确定目标的标准不宜过高 3. 如果不从实际出发，只从管理者的意志或兴趣出发，那么对员工来说是不可能收到激励作用的
公平理论	美国心理学家亚当斯于1965年提出来的	人的工作积极性不仅受其所得的绝对工资的影响，更重要的是受其相对工资的影响。付出与工资的比较方式包括横比和纵比两种	1. 在管理中要高度重视相对工资问题 2. 尽可能实现相对工资的公平性 3. 当出现不公平现象时，要做好工作，积极引导，防止负面作用发生

（续）

名　称	提 出 者	基 本 内 容	对幼儿园管理中的启示
成就需要理论	美国哈佛大学教授戴维·麦克利兰提出	把人的高层次需求归纳为对成就、权力和亲和的需求	1. 在人员的选拔和安置上，通过测量和评价一个人动机体系的特征对于如何分派工作和安排职位有重要的意义 2. 了解员工的需求与动机有利于合理建立激励机制 3. 训练和提高员工的成就动机，以提高生产率

（一）员工工资与激励理论

马斯咯和赫兹伯格使我们清楚地认识到金钱并不是激励员工的唯一办法，但金钱确实在满足每个层次的需要上起到一定的作用。它能购买食物和住所，能用于投资未来的安全，能使员工成为某个社会群体中的一员，它能用于购买那些提高人们地位和形象的东西。钱能支持追求"自我实现"所需要的自由空间。钱能否激励员工没有定论，然而，有一点可以肯定，如果不付工资，将没有人愿意在幼儿园做事。

同时，公平理论表明，员工必须相信他们的工资相对于其他人，相对于他们对工作的投入来说是公平的。基于这种认识，要慎重地创建一个公平的工资体系。要想了解什么是公平，可以进行工资调查来获得该工作的市场公平价值。并且，你应当定期对工作进行分析以确保工资和工作岗位相匹配。

期望理论也在工资体系中起作用。员工必须相信，工资和绩效挂钩，并且他们必须认为钱是一种积极的奖赏。作为幼儿园园长或管理者，需要确保员工知道，绩效和工资紧密相连，并且也应了解工资的局限性。最后，佣金、红利和资金方案也可以用来作为"积极强化"。

（二）员工福利与激励理论

被马斯洛和赫兹伯格所证明的许多需要都能以这样或那样的福利形式来满足。幼儿园可能通过提供最低限度的工资和最低保险标准来满足员工生理需要；可能提供一些健康福利、退休计划或对资历的承诺以满足安全需要；更高层次的需要可以通过所组织的社会活动让大家参与来满足（如幼儿园的野餐会、聚会、运动会），或通过有助于个人成长的计划来满足，如顾问、培训和专业发展方案。

期望理论帮助管理者理解员工认为福利价值的重要性。幼儿园可能想进行一项调查来了解什么样的福利是员工想要的，或考虑提供一个自助餐福利计划，让员工在一定金额标准上自己选择。这样，员工能选择他们个人最需要的福利。

（三）员工参与与激励理论

这些方案直接产生于激励理论。管理者已了解了在计划、目标设定、问题解决和决策中员工参与的重要性。这种参与能满足某些高层次的需要。当员工与其他人一起工作来计划和解决问题时，社会需要得到了满足；当员工认识到他们对组织很重要时，尊重需要得到了满足；当员工为了其工作和贡献而兴奋不已时，自我实现需要得到了满足。

这并不意味着在幼儿园里做每项决定都需要每一位员工的参与。但要认真考虑怎样做才能使员工在幼儿园的各个方面有更深程度的参与。员工的参与将有助于幼儿园形成一个统一体，并有助于事业的成功。

（四）反馈辅导与激励理论

激励理念改变了管理者对待员工的方式。管理者不再是仅仅指导他们工作，而且要提供反馈和辅导。及时和积极的反馈能强化好的工作习惯，并增加这些习惯持续保持的可能性。反馈和辅导在很大程度上激励员工的成绩以及取得优异绩效的追求。当员工知道幼儿园对他们的成功很感兴趣时，他们的自尊水平便会增加。

第三节　绩效面谈

一、绩效评估的面谈技巧

所谓绩效面谈，是指部门领导者与下属之间共同针对绩效评估结果所做的检视与讨论。一般而言，绩效面谈所检视与讨论的重点包括以下内容。

（一）回馈与肯定

领导者就员工过去一年的工作绩效，给予正式的回馈与正面的肯定，一般都是将员工的工作职责与实际的工作表现加以比较，评估该员工的表现是否符合工作职责的要求。另外，一些幼儿园除了工作职责之外，会另以目标管理的原则，在年初制定一年的绩效目标，以作为年度绩效评估时的标准，因此在绩效面谈时，领导者就可以凭借评估员工达成目标的程度给予回馈或肯定。

（二）改进与发展

所谓的改进与发展，系领导者能与部属就未达到绩效目标的部分，或员工技能不足的部份，拟订下一年度改进的方向与计划，对部属表现优异或较专长的部分，由领导者与部属共同讨论未来的发展，并规划适当的训练与工作以配合部属的发展。

（三）沟通与激励

所谓的沟通与激励，是指领导者与部属就绩效的结果与工作的表现做变相的沟通。特别是当领导者与部属对考绩结果意见不同时，领导者更要听取员工的意见，并适时地提出具体的评分依据或记录，让部属明白绩效评估的客观性。此外，在绩效面谈中，领导者除了要与员工进行沟通外，更要将"激励"的目的，列入绩效面谈的主要考量。因此，领导者在绩效面谈时，应适时地运用本身的奖赏、强制或参照权力，针对部属的绩效表现，给予适当奖赏或惩罚。

（四）公平与客观

由于绩效面谈是领导者与部属公开且面对面的沟通，因此，领导者在绩效评估的评比过程中，应该特别审慎与小心。因为，明确、公平且客观的绩效评估，才能让部属重视评估的结果，进而重视绩效面谈。

二、绩效面谈的目的——双赢

为了达到永续经营的终极目标，幼儿园应对于员工绩效评估相当重视。大部分的幼儿园均有绩效评估制度，但是没有绩效管理等系统。除此之外，幼儿园也都希望在绩效评估后，能通过绩效面谈，将员工的绩效表现回馈给员工，使员工了解在过去一年中工作上的得与失，以作为来年做得更好或改进的依据；为员工提供一个良好沟通的机会，借以了解员工工作的实际情形或困难，并确定幼儿园可以给予的协助；共同研商未来发展的规划与目标，确定幼儿园、领导者、员工个人明了这些计划如何去进行，并提供必要的建议与协助。

我们从实务的经验中常常发现，一些领导者或下属常常认为绩效面谈是一种辩论的过程，其目的在于反驳对方的批评，因此，面谈的结果不是你输就是我赢。事实上，这是一个非常错误的观念。因为，绩效面谈的主要目的是希望通过领导者与员工的双向沟通，让员工的工作表现更有绩效，让幼儿园的发展更健全。如果领导者与员工对绩效面谈持的观点是"你死我活"，那么，绩效面谈岂不变成了"斗争大会"？所以，正确的绩效面谈应该是领导者、员工双方都能打开心扉，彼此以坦诚的态度、齐心协力地解决问题，以达到绩效面谈双赢的目的。

管理小贴士

如何减少绩效评估中的误差

由于受评估中各种因素的影响，信度和效度再高的评估体系也会大打折扣。因此，我们要采取有效措施减少误差，使评估有效性最大化。可采取的措施如下：

1. 对工作中的每一方面进行评价，而不是只是笼统评价。

2. 评估人的观察重点应放在被评估人的工作上，而不要太过注重其他方面。

3. 在评估表上不要使用概念界定不清的措辞，以防不同的评估者对这些用词有不同的理解。

4. 一个评估人一次不要评估太多员工，以免评估先松后紧或前紧后松，有失公允。

5. 对评估人和被评估人都进行必要的培训。

三、制定绩效改进计划

评估之后，对被评估人进行评估意见的反馈是很重要的，因为进行绩效评估的一个主要目的就是：改进绩效。所以，领导者和员工应合力安排绩效改进计划。

1. 重审绩效不足的方面。看看领导者的评价是否都合乎事实，也许领导者没有真正察觉员工发生问题的缺点，也许领导者认为的缺点事实上却是员工的优点。

2. 从员工愿意改进之处着手改进。这可能激发员工改进工作的动机，因为员工通常不会选取他根本不想改进的方面着手。

3. 从易出成效的方面开始改进。立竿见影的经验总使人较有成就感，也有助于再进行其他方面的改进。

4. 以所花的时间、精力和金钱而言，选择最合适的方面进行改进。

四、绩效改进的实现

为了拟订一套完善的绩效改进计划，应符合下列要求。

1. 计划内容要实际。拟定的计划内容须与待改进的绩效相关。如果只是泛泛地学习一些理论知识则意义不大。

2. 计划要有时间性。计划的拟定必须有截止日期，而且应该有分阶段执行的时间进度表。

3. 计划要获得认同。领导者和员工都应该接受这个计划并致力实行；双方都应该保证计划的实现，而不是做做表面文章。绩效改进计划设计的目的在于使员工改变其行为。为了要使改变能实现，必须符合四个要点。

（1）意愿。员工自己有想改变的愿望。

（2）知识和技术。员工必须知道要做什么，并知道应如何去做。

（3）气氛。员工必须在一种鼓励他改进绩效的环境中工作。而造就这种工作的气氛，最重要的因素就是领导者。员工可能因畏惧失败而不敢尝试改变，这时，需要由领导者去协助他们，帮他们建立信心。

（4）奖励。如果员工知道行为改变后获得奖赏，那么他较易去改变行为。奖励的方式可分为物质和精神两方面。物质方面包括加薪、奖金，或其他福利；精神方面则包括自我的满足、表扬、加重责任、更多的自由与授权等。

第四节　教师绩效管理的实施

MIMI 老师觉得 E 顾问的指导受益匪浅，针对目前情况，做了一份个人绩效提升的六步计划。在 E 顾问的指导下，MIMI 老师对新开的幼儿园按照人力资源管理的绩效管理原则开始实施管理。

第一步：选对人才能做对事

要想取得好的绩效，先要选好人才。如果我们有科学的招聘录用流程，能找到与幼儿园的价值观和能力相匹配的员工，就会像是艺术家找到了好的雕刻材料，成为好的艺术品就会更加容易。

当某一工作候选人的价值观与幼儿园一致时，他更有可能达到或超过幼儿园的绩效标准。例如，假设幼儿园把对幼儿的关爱排在最高绩效标准的第一位，如果聘用一位同样把幼儿的关爱看得很重要的员工，就不用更多的额外训练或激励措施，也可以预期他会做得很好。

另一方面，如果员工没有必要的工作技能，即使价值上相匹配，个体绩效仍会受损。在聘用过程中，需要确定这项工作需要何种技能，并决定是聘用早已具备这些技能的人，还是培训新员工。聘用有必要技能的员工是个体绩效管理中一个重要组成部分。具备必要的技能，员工才能工作。没有技能或缺乏学习它们的潜能，绩效就会受到影响。作为幼儿园的管理者，要注意聘用那些有能力掌握工作所需技能的人。

管理小贴士

员工绩效不良的可能原因

1. 他们不知道为什么应该做这项工作；

2. 他们不知道如何做这项工作；

3. 他们不知道应该做什么样的工作；

4. 他们认为你的办法行不通；

5. 他们认为自己的办法更好；

6. 他们认为另一些事情更重要；

7. 他们做这些事不会产生积极的结果；

8. 他们认为自己正在做这项工作；

9. 他们因为没做这项工作而得到奖励；

10. 他们因为做了他们认为应该做的事情而受到处罚；

11. 他们预期做这项工作会得到消极结果；

12. 他们的不良绩效并未得到消极结果；

13. 有一些障碍是他们无法左右的；

14. 他们的个人局限性使工作无法进行；

15. 他们的个人问题使工作无法进行。

第二步：融入组织

现在整个幼教行业基本都是"卖方市场"，绝大部分的幼儿园都缺教师，招聘的员工完全合格的只有少部分。所以当员工入职后对新员工（甚至是老员工）都要培训幼儿园理念、岗位技能和知识，而最重要的是让员工融入组织。让新员工清楚自己的岗位职责，在新员工的岗前培训期间，员工可以了解到幼儿园的远景规划和价值观。他们应了解到家长的期望是什么，同时也应知道幼儿园的整体绩效期望。

新员工岗位培训之后，每位员工应在主管帮助下设置个人绩效目标。主管应确保员工理解组织远景和目标，以及如何将远景和价值应用于个体工作。每一位员工的目标都应直接或间接与组织目标和主管建立的绩效期望相联系。

第三步：提供持续的培训与辅导

家长的需求是不断变化的，周边环境、国家政策、竞争对手等也都是不断变化的，所以要根据需求培训我们的员工（可参照第二章《员工培训与开发》）。

第四步：赋予领导权，加强自主管理

与激励理论同样有用的一点是，只有具有较强领导技能的人运用激励理论才能成功。在个体绩效管理中，加强自我管理可能是最重要的一步。

大量研究表明，高绩效组织拥有最好的领导者。这些领导者所做的事情之一就是在员工中开发高度的自主管理，他们坚持把决策留给实施它们并与它们打交道的人去做。他们不需要层次复杂的管理批示，他们赋予员工做决定的权利，鼓励他们冒险，并在他们犯错误或"失败"时给予支持。

这种自由在许多方面增进了员工的绩效。它使员工对自己的工作和决策负责，从而提高了他们做好一项工作的责任感。由于省去了一些批示的中转时间，它加快了做决策的速度。并且，它有助于员工掌握管理技能。这些技能掌握得越好，越能使员工做出更好的决策。与之相应，这也提高了他们的绩效。

以原则为中心的领导创建这种自主性管理需要特殊的领导方法。史蒂芬·柯维的《以原则为中心的领导》一书描述了这种方法。柯维认为成功的领导者只靠一些简单的和基本的原则来帮助他们做出决策。具体来说，柯维提供了7种原则来构建组织的高绩效。

管理小贴士

创建高绩效的柯维原则

1. 具体陈述希望达到的结果，但不限制方法和方式。
2. 确保所希望达到的结果与幼儿园的远景规划和价值观一致。
3. 重视指导方针，不要注重具体执行流程。

> 4. 告诉员工可得到的资源有哪些。
>
> 5. 在设置绩效标准时让员工参与。
>
> 6. 就完成了期望的目标达成一致意见。
>
> 7. 信任员工。

　　幼儿园管理者可以把柯维的原则作为指导方针来开发员工的自我管理。在辅导或培训课程中，具体阐述希望的结果，并解释这些结果如何与幼儿园的远景规划保持一致。了解员工当前的技术能力水平，并确认他们对从事工作的能力和信心。如果员工能力和自信心都很高并且管理者对员工的判断能力有信心，应该让员工运用自我管理来决定做工作的方法和途径。如果能力或自信心较低，则要帮助员工提高这一水平。能力和自信度越高，员工的自我管理水平就越高。我们的目标应当是使每一位员工的能力和自信心都尽可能最高。

　　具体阐明了希望的结果后，告诉员工完成工作的一些指导方针。员工需要知道有哪些资源可获得。另外，我们应和员工一起设立绩效目标，并就达到了目标后的奖赏或失败后的处理达成一致意见。

　　当辅导结束，员工开始工作时，我们要做的最重要的事情就是相信员工的工作能力，让员工单独去做。如果失败了，帮助他们从中吸取教训。严厉的批评毫无意义，询问一下问题所在并帮助员工改正错误却是非常有效的方式。可以询问是什么原因导致了失败，员工是否愿意修正它，下一次他们做这种工作时会有什么不同等。如果我们相信员工，就会发现他们在需要时非常乐意寻求我们的帮助和建议。

第五步：分析和处理个体绩效问题

　　无论领导多么有方，最终可能还是会碰到工作表现达不到要求的员工。事实上，研究表明，在任何工作团队中，10％～25％的人在某种程度上存在绩效问题。个体绩效管理的第五步就是分析和处理这些问题。

　　如果不能迅速而有建设性地处理绩效问题，就会给个人和组织带来不良影响：员工士气低落、生产和服务质量下降、错误和事故增多，我们作为有效管理者的名誉也会陷于危险境地。一位员工的绩效问题能够影响其他人的绩效、行为和压力水平。

罗伯特·F·麦可提出了处理绩效问题的六个步骤。

管理小贴士

分析和处理绩效问题

1. 鉴别绩效问题。
2. 这种问题是否重要。
3. 确定是否欠缺技能。
4. 如果存在技能欠缺，决定是否需要提供培训、实践或反馈。
5. 如果不存在技能欠缺，使用激励原则激励绩效。
6. 如果所有人都失败，决定是否改变工作要求，调换员工或解雇员工。

尽管这些步骤在分析和处理绩效问题上都是有用的，但我们也要意识到所有绩效问题都是不同的。在处理问题上，必须根据个别情况采取有效措施。

鉴别一个绩效问题需要具体信息，在采取行动前，先考虑几个问题：哪一项工作要求没有被满足，什么事情不应该做却做了，什么事情应该做却没有做等。花时间仔细分析并记录观察结果。进行后面的分析时，可以回头查阅这些记录。

确定了问题后，就要确定其程度是否严重。有些问题仅是因为员工做事的办法与预期不同，那就不要陷于改正这些问题的陷阱中不能自拔。记住柯维的忠告，把方式和方法留给员工，如果员工的不同方法并未产生消极后果，那么最好不要管它。

如果我们认为此问题必须解决，下一步就要确定员工是否缺少做此工作的恰当技能。我们可以通过和员工谈话、观察员工或以其他方式评论员工的技能，如测试。如果员工技能欠缺，我们有三种选择。

第一，培训员工，特别是以前没接受过此方面培训的员工。

第二，提供有关技能欠缺方面的反馈信息，这适用于员工忽视了对以前学过的技能的运用的情况。

第三，提供阶段性的实践来加强技能。如果员工过去接受过技能培训，但是却没有足够的机会在工作中运用，这种办法将是一种合理的选择。偶尔的实践应能帮助员工更好地"校准"技能——这就是为什么警察要进行定期打靶训练的原因。

如果技能缺乏并不是产生问题的原因，那就必须搞清楚为什么员工缺乏积极性来达到绩效的标准，可以考虑以下问题。

◆ 员工是否觉得在理想的绩效水平上完成一项工作意味着惩罚？例如，如果员工很好地完成了一项他并不喜欢做的工作（如做会议记录），以后经常被委派此工作，那么，员工很可能会感到工作做得好是一种惩罚。

◆ 没有达到绩效水平是否有严重后果？如果我们觉得很难面对问题，或很难给员工一种消极的反馈，或忽视了不良的绩效，员工就会缺乏改进的动力。

◆ 工作进行中是否存在障碍？例如，员工是否很难从其他员工那里得到相关信息以按时完成自己的报告？如果是这样，我们要做的就是扫清这些障碍。

有时，所有这些修正的努力都会失败，也许因为员工就是不能学会所需技能，或他就是不想做此项工作。那么，我们的选择只有改变工作要求、调换员工或解雇员工。

当一位员工屡次考核、培训都不能达到相应岗位要求时，不得不采取的措施就是——解聘。当然，这可能是一项很棘手的问题，如果没有处理好会带来负面影响。这里介绍一些解聘员工的小策略。

管理小贴士

解聘员工的一些小策略

1. 试着把自己放在员工的位置上。你会怎么想？你想回答什么样的问题？你喜欢得到什么样的对待？相应地做好自己的准备工作。

2. 在幼儿园的私人场所进行一场面对面的解聘会议。

3. 会议要简洁，要讲清楚解聘员工的具体原因，让员工知道你的决定是不可改变的，并得到了管理层的支持。避免长时间讨论——此时已毫无意义，只能引起争吵。

4. 会议中要坚决而诚恳，允许员工表达自己的感受，而你要报以同情。

5. 会议结束时要明确下一步做什么。会议结束后要立即着手做这些事，如归还幼儿园财物、拿走私人财物以及其他问题等。

第六步：提供绩效反馈

所有员工都需要反馈。业绩优秀者需要听到对他们工作的表扬，不良绩效者需要知道他们怎样做才能提高。以往绩效反馈只能通过年度或半年的绩效评估而进行。但今天的管理专家们会对此置疑，是否正式的绩效评估才是唯一的反馈机制？它是否应该更全面的应用？

绩效评估能使员工了解他们工作得如何。通常管理者为员工设置标准，过一段时间后，和员工一起对绩效进行回顾。从理论上说，这种评估告诉员工怎样根据主管的标准从事工作，这种过程会带来相关联的问题。主管所设置的标准往往并不清楚，导致主观和不一致的评价。并且，由于员工常常不参与标准设定，便对完成它们缺乏责任心。

随着时间的发展，绩效评估发展成为管理的"万能药"，它们被作为加薪和晋升的基础。绩效会议发展成为多重目标达成会议。在一两个小时的会议里，管理者要对员工绩效进行反馈，确认他们的发展需要，建立改进计划，讨论职业兴趣和确定下一个绩效期间的目标。在同一个会议上，员工要进行自我评估，并对管理者进行反馈。

当然，在如此短的时间里解决所有问题是不可能的。因此，绩效评估常常对管理者或员工价值都不大，提不起他们的热情。在许多情况下，绩效评估是被当做加薪或处罚行动的书面理由，而不是作为不断提高工作的工具。

如今，绩效评估在各种规模的组织中被普遍采用，尽管它们有局限性和缺点。绩效考查有许多不同的表格，许多表格都是让主管在标准表格的选项空栏中评估绩效等级。其他表格要求主管和员工双方都对员工的绩效划分等级，然后就此一起讨论。其他绩效考核办法也许只包括主管和每个员工的非正式会面，或主管对员工绩效做出陈述。每个系统都有其优点和缺点。

如果我们选择运用传统的绩效检查过程，通常每年一次，那么就要注意建立一个促进积极绩效开发和不断进步的制度。绩效考查对员工达到优异绩效可以是一项很得力的工具，但是，只有当员工认为其与自己的将来发展有关，而不是惩罚以前错误的时候才能起作用。

第五节 绩效考核结果运用

一、绩效考核结果运用

第一，为绩效工资分配提供数据基础。

将幼儿园的考核进行量化管理，通过定性和定量相结合的指标体系进行教职工绩效考核，这样绩效工资的分配就有了数据基础。

第二，为培训管理提供支持与参考。

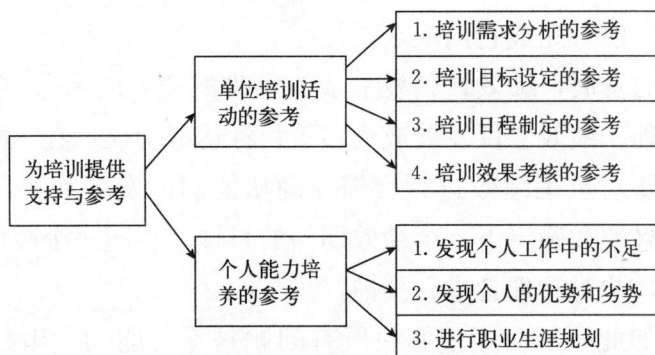

```
                                   ┌─ 1. 培训需求分析的参考
                    ┌─ 单位培训活 ──┼─ 2. 培训目标设定的参考
                    │   动的参考     ├─ 3. 培训日程制定的参考
为培训提供 ──────────┤               └─ 4. 培训效果考核的参考
支持与参考           │
                    │               ┌─ 1. 发现个人工作中的不足
                    └─ 个人能力培 ──┼─ 2. 发现个人的优势和劣势
                        养的参考     └─ 3. 进行职业生涯规划
```

第三，为幼儿园人事变动提供客观依据。

第四，为其他管理措施提供奖惩依据。

二、提升绩效考核效果需要做好的工作

（一）明确考核内容，量化、硬化考核指标

从增强绩效考核可操作性出发，以岗位所具备的素质和完成工作目标所具备的条件为依据，根据幼儿园自身特点、人员结构，对德、能、勤、绩、廉等考核要素进行具体的细化、量化，从而不断细化标准、量化指标。

（二）分层次、分类别设计考核指标

针对不同层次或不同类别的考核对象，考核指标体系应有所不同。

（三）严格考核流程，充分重视民主评议和民主测评工作

被考核者与所在部门的员工长期工作、学习、生活在一起，员工对被考核者的思想素质、学习情况、业务能力、工作业绩等方面有直接的接触和了解。考核时可采取职工座谈会、找有关人员面试等民主评议形式，充分听取群众的意见，避免以偏概全、主观主义等。

（四）注意日常考核与综合考核相结合

幼儿园的各级管理者要加强平时考核资料的积累，不仅要通过日常工作了解工作人员的实际工作表现，还要通过综合考核来评价工作人员在某一段时间内的业绩水平，这种日常考核与定期考核相结合的方式，能够避免年度考核"近因效应"影响所致的不足，提高考核准确度。

（五）做好考核工作总结，加强绩效考核的反馈工作

考核工作结束后，应及时总结经验与不足。根据考核结果，找出不足，提出改进意见，加强绩效考核反馈工作，使被考核者了解自身表现与组织期望之间的差距，给被考核者申辩说明或改进的机会，从而对被考核者起到激动和鞭策作用。

案例：绩效管理整改六步

KK 幼儿园是一所开办快二年的民办幼儿园，拥有八个班的规模，因经营不善，由另一投资人买下这所幼儿园。由于刚刚接手，前面的创办人管理得少，工作流程不规范，职工教学专业性不强，士气不振，目前只开四个班，幼儿还不到 100 人，面临着激烈的生存压力，必须进行绩效整改行动。

整改第一步（第 1 个月）：迅速提升生源，树立员工信心

业务措施：

1. 调整人员组织架构，调一名沟通能力强的老师任专职招生专干。

2. 引进特色课程，老生第一学期不收费，新生限时不收费。

3. 环境区角美化，特别对前台接待大厅进行"公信力"布置。

人力资源：

1. 确定绩效考核重点，执行全员招生指标考核、提高招生奖金额度。

2. 确定绩效考核工资，凡招生三名以上者涨一级工资；生源流失率考核，所在班级流失一名幼儿，班主任扣 50 分，配班及生活老师扣 30 分。

3. 确定全园招生总目标，完成总目标进行全园一次性奖励。

整改第二步（第 3 个月）：巩固老生

业务措施：

1. 加强家园沟通，幼儿园的工作不仅仅是做好，还要及时与家长沟通，提升家长对幼儿园的认可。

2. 做好保育保健，新生入园对新环境的适应度不高，这阶段尤其要做好保育保健。

3. 幼儿常规管理（入园、学习、运动、进餐、午睡、离园等）。

人力资源：

1. 确定家长服务指标（新生电话回访、老生家访、家园联系册书写等）。

2. 分解指标：考核班级幼儿人数、幼儿出勤率等。

整改第三步（第 6 个月）：树立效益第一的观念

业务措施：

1. 新学期加大宣传，提升整体影响力，做一两场大型招生活动。

2. 设立招生小组，培养全员营销意识。

3. 加强家访，督促提前续费。

人力资源：

1. 考核每周计划与总结。

2. 考核班级缴费达成率。

整改第四步（第9个月）：全面考核，提高综合管理水平

业务措施：

1. 加大特色班招生力度，增加收入来源。

2. 加强会议管理、培训提质，提高员工能力与信心。

3. 设立教学教研组，教研组对教师上课情况进行评课听课。

4. 加强财务控制。

人力资源：

1. 考核生病率、卫生、幼儿常规。

2. 教学质量考核细化。

3. 教学计划与总结。

整改第五步：（第15个月）达成满园，树立内部标杆

业务措施：

1. 开设新班拓展，力促满园。

2. 强化内部管理。

3. 加强财务核算（预算、资产管理等）。

人力资源：

进行主管述职评估及竞聘上岗，评选优秀之星、教学能手，最重要的要整体提升幼儿园管理水平，提高全体员工待遇。

整改第六步：（第20个月）连锁精细化管理

业务措施：

1. 加强内部管理、档案管理，统一各项营运标准，规范业务流程。

2. 提升教学技能（竞技比赛）。

人力资源：

1. 考核指标量化：安全/卫生/环境/培训。

2. 督导检查的随时评分（确保公正性）。

3. 加强督导力度。

4. 加强培训。

5. 全方位的绩效考核（家长满意度指标、教育管理、员工满意度指标、标准化执行等）。

附：考核表

班主任工作考核细则

班主任姓名：   年 月 日

内容	合理制订班务计划，执行到位学期有总结。5分	组织召开每月二次班务会议有记录，有具体问题和解决方法。5分	领导本班人员管理好班级财产，增资节约奖人人得满分。10分	班级管理到位，班级环境公共区域维护及卫生工作好，本月无扣分。5分	督促配班教师完成缴费工作，开学一月内班级缴费率达100%（请假除外），一周内主动到财务室查询班级缴费情况。每天认真点名，如实上报。5分	班级教师上班时间不接待家属亲属，不打私人电话，不会客，不架二郎腿。平时不计较工作时间，有奉献精神。5分	班级教师不体罚与变相体罚幼儿，不大声呵斥幼儿，不使用祈使句。10分	不顶撞领导，包括教研组长，对领导有意见当面说，不背后说，不与检查人员争吵。5分
得分								
内容	遵循保教并举的原则，重视并主动承担保育工作，起带头作用。5分	各类记录、方案按时上缴，不拖延。组织班级活动，有创意、准备充分、效果好。10分	每月按时完成家园联系栏、主题计划、周计划家教文章的打印和张贴工作。1分	家长工作好，服务意识强，在班中起模范带头作用，无家长投诉。10分	班级特色教学有序进行。5分	积极参加各类会议、培训活动，无迟到早退现象，有记录。5分	安全管理到位，全班无安全事故发生。10分	帮助生活教师和配班教师缓解与家长、同事、领导间的矛盾。5分
得分								

第六章
幼儿园薪酬管理

幼儿园薪酬管理的基本原则是，对内具有公平性，对外具有竞争力。

员工对薪酬向来是既患寡又患不均，但即便有的幼儿园薪酬水平不高，如果能制定合理的薪酬管理制度，也会取得非常好的效果。

基本原则：对内具有公平性，对外具有竞争力。

一、职位分析

职位分析是确定薪酬的基础。可具体结合幼儿园现状，明确部门职能和职位关系，参照招聘章节编写职位说明书。

二、职位评价

科学的职位评价体系是通过综合评价各方面因素得出工资级别，而不是简单地与职务挂钩，这有助于解决"当官"与"当专家"的等级差异问题。比如，高级教师并不一定比教学主任的等级低。职位评价重在解决薪酬的对内公平性问题，使不同职位之间具有可比性，为确保工资的公平性奠定基础。它是职位分析的自然结果，同时又以职位说明书为依据。

职位评价的方法有许多种。幼儿园区别于工商业界，我们只做相对简单的职位评价。

三、薪酬调查

薪酬调查重在解决薪酬的对外竞争力问题。幼儿园在确定工资水平时，需要参考劳动力市场的工资水平。幼儿园可以委托比较专业的咨询机构进行这方面的调查，或者通过教育局或教育协会取得相关数据，也可通过招聘的新员工了解相关行业工资信息。

薪酬调查的对象，最好是选择与自己有竞争关系的幼儿园，重点考虑员工的流失去向和招聘来源。薪酬调查的数据，要有上年度的薪资增长状况、不同薪酬结构对比、不同职位和不同级别的职位薪酬数据、奖金和福利状况、长期激励措施以及未来薪酬走势分析等信息。

只有采用相同的标准进行职位评估，并各自提供真实的薪酬数据，才能保证薪酬调查的准确性。

四、薪酬定位

影响幼儿园薪酬水平的因素有多种。从幼儿园外部看，国家的宏观经济、通货膨胀、行业特点和行业竞争、人才供应状况变化等，都对薪酬定位和工资增长水平有不同程度的影响。在幼儿园内部，收入能力和支付能力、人员的素质要求是决定薪酬水平的关键因素。幼儿园发展阶段、人才稀缺度、招聘难度、幼儿园的市场品牌和综合实力，也是重要影响因素。

在薪酬定位上，幼儿园可以选择领先策略或跟随策略。薪酬上的"领头羊"未必是品牌最响的幼儿园，因为品牌幼儿园可以依靠其综合优势，不必花费最高的工资也可能找到最好的人才。往往是那些财大气粗的后起之秀最易采用高薪策略。他们多处在创业初期或快速上升期，投资者愿意用金钱买时间，希望通过挖到一流人才来快速拉近与集团化幼儿园的差距。

在薪酬设计时有个专用术语叫 25P、50P、75P，意思是说，假如有 100 家幼儿园（或职位）参与薪酬调查的话，薪酬水平按照由低到高排名，它们分别代表着第 25 位排名（低位值）、第 50 位排名（中位值）、第 75 位排名（高位值）。一个采用 75P 策略的幼儿园，需要雄厚的财力、完善的管理、过硬的产品来支撑。因为薪酬是刚性的，降薪几乎不可能。

五、薪酬结构设计

工资观反映了幼儿园的分配哲学，即依据什么原则确定员工的薪酬。不同的幼儿园有不同的工资观。新兴幼儿园的薪酬措施往往不同于成熟的幼儿园，民办幼儿园与公办幼儿园又存在很大差异。

我们建议幼儿园在确定人员工资时，考虑三个方面的因素：一是其职位等级，二是个人的技能和资历，三是个人绩效。在工资结构上与其相对应的，分别是职位工资、技能工资、绩效工资。也有的将前两者合并考虑，作为确定一个人基本工资的基础。

职位工资由职位等级决定，它是一个人工资高低的主要决定因素。职位工资是一个区间，而不是一个点。幼儿园可以从薪酬调查中选择一些数据作为这个区间的中点，然后根据这个中点确定每一职位等级的上限和下限。例如，在某一职位等级中，上限可以高于中点 20%，下限可以低于中点 20%。

相同职位上不同的任职者由于在技能、经验、资源占有、工作效率、历史贡献等方面存在差异，导致他们对幼儿园的贡献并不相同（由于绩效考核存在局限性，这种贡献不可能被完全量化体现出来），因此技能工资有差异。所以，同一等级内的任职者，基本工资未必相同。如上所述，在同一职位等级内，根据职位工资的中点设置一个工资变化区间，就是用来体现技能工资的差异。这就增加了工资变动的灵活性，使员工在不变动职位的情况下，随着技能的提升、经验的增加而在同一职位等级内逐步提升工资等级。

绩效工资是对员工完成业务目标而进行的奖励，即薪酬必须与员工为幼儿园所创造的经济价值相联系。绩效工资可以是短期性的，如招生奖金、月度奖金、年度奖励，也可以是长期性的，如股份期权等。此部分薪酬的确定与幼儿园的绩效评估制度密切相关。

综合起来说，确定职位工资，需要对职位做评估；确定技能工资，需要对人员资历做评估；确定绩效工资，需要对工作表现做评估；确定幼儿园的整体薪酬水平，需要对幼儿园收入能力、支付能力做评估。每一种评估都需要一套流程和办法。所以说，薪酬体系设计是一个系统工程。

不论工资结构设计得怎样完美，一般总会有少数人的工资低于最低限或高于最高限。对此可以在年度薪酬调整时进行纠偏，比如对前者加大提薪比例，而对后者则少调甚至不调等。

某民办幼儿园工资等级表（部分）

岗位	级别	岗位工资	技能工资	奖金	年功工资	学历	岗位补贴
园长	一星级	2 200	800	1 000	50		
	二星级	2 200	1 200	1 000	50		
	三星级	2 200	1 600	1 000	50		
	四星级	2 200	2 000	1 000	50		
	五星级	2 200	2 400	1 000	50		全托园补贴园长300，副园长/教学主任200，教学老师100，保育老师60。团支部书记200，教研组长200。
副园长	一星级	2 000	600	900	50	中专 50，大专 80，本科 120，研究生 200。	
	二星级	2 000	900	900	50		
	三星级	2 000	1 200	900	50		
	四星级	2 000	1 500	900	50		
	五星级	2 000	1 800	900	50		
班主任	一星级	1 000	400	600	50		
	二星级	1 000	600	600	50		
	三星级	1 000	800	600	50		

（续）

岗位	级别	岗位工资	技能工资	奖金	年功工资	学历	岗位补贴
班主任	四星级	1 000	1 000	600	50		
	五星级	1 000	1 200	600	50		
配教	一星级	900	300	600	50		
	二星级	900	450	600	50		
	三星级	900	600	600	50		
	四星级	900	750	600	50		
	五星级	900	900	600	50		
主保	一星级	800	280	500	50		
	二星级	800	400	500	50		
	三星级	800	520	500	50		
	四星级	800	640	500	50		
	五星级	800	760	500	50	中专50，大专80，本科120，研究生200。	全托园补贴园长300，副园长/教学主任200，教学老师100，保育老师60。团支部书记200，教研组长200。
配保	一星级	700	200	400	50		
	二星级	700	300	400	50		
	三星级	700	400	400	50		
	四星级	700	500	400	50		
	五星级	700	600	400	50		
晚班	一星级	650	200	350	50		
	二星级	650	300	350	50		
	三星级	650	400	350	50		
	四星级	650	500	350	50		
	五星级	650	600	350	50		
主厨师	一星级	900	400	500	50		
	二星级	900	600	500	50		
	三星级	900	800	500	50		
	四星级	900	1 000	500	50		
	五星级	900	1 200	500	50		
配厨	一星级	800	300	400	50		
	二星级	800	450	400	50		

（续）

岗位	级别	岗位工资	技能工资	奖金	年功工资	学历	岗位补贴
配厨	三星级	800	600	400	50		
	四星级	800	750	400	50		
	五星级	800	900	400	50		
教学主任	一至五星级	略	略	略	50		
后勤主任	一至五星级	略	略	略	50		
保健医生	一至五星级	略	略	略	50		
办公文员	一至五星级	略	略	略	50		
特色老师	一至五星级	略	略	略	50	中专50，大专80，本科120，研究生200。	全托园补贴园长300，副园长/教学主任200，教学老师100，保育老师60。团支部书记200，教研组长200。
采购员	一至五星级	略	略	略	50		
会计	一至五星级	略	略	略	50		
出纳	一至五星级	略	略	略	50		
仓管	一至五星级	略	略	略	50		
维修	一至五星级	略	略	略	50		
司机	一至五星级	略	略	略	50		
保安	一至五星级	略	略	略	50		
保洁员	一至五星级	略	略	略	50		

六、薪酬体系的实施和修正

在确定薪酬调整比例时，要对总体薪酬水平做出准确的预算。目前，大多数幼儿园没有做此测算。我们建议，人力资源部需要建好工资台账，并设计一套比较好的测算方法。

世界上不存在绝对公平的薪酬方式，只存在员工是否满意的薪酬制度。在制定和实施薪酬体系过程中，及时的沟通、必要的宣传或培训是保证薪酬改革成功的因素之一。从本质意义上讲，劳动工资是对人力资源成本与员工需求之间进行权衡的结果。人力资源部可以利用薪酬制度问答、员工座谈会、满意度调查、内部刊物甚至 BBS 论坛等形式，充分介绍幼儿园的薪酬制定依据。

为保证薪酬制度的适用性，规范化的幼儿园都对薪酬的定期调整做了规定。依照上述步骤和原则设计基本工资体系，虽然显得有些麻烦，但却可以收到良好的效果。员工对薪酬向来是既患寡又患不均。尽管有些幼儿园的薪酬水平较高，但如果缺少合理的分配制度，将会适得其反。

MIMI 老师人力资源管理水平有很大长进，根据这些知识，制定了一份《工资制度》。

附

《伊伊幼儿园工资制度》

一、总则

第1条　原则

为落实幼儿园教职工绩效工资分配政策，认真做好奖励性绩效工资的发放工作，调动幼儿园教职工工作的积极性，建立公平合理、公开透明、有效激励的绩效工资分配机制，特制定本办法。

第2条　适用对象

幼儿园教职工绩效工资发放均依本办法执行。

二、绩效工资构成

第3条 绩效工资内容

绩效工资包括基础性工资和奖励性绩效工资两部分，分别占绩效工资总额的 70％和 30％（也分别称月度绩效工资和年度绩效奖金）。

1. 基础性绩效工资（月度绩效工资）

幼儿园对履行了岗位职责、完成了教育教学任务的教职工，根据当月考核结果，统一发放基础性绩效工资。基础绩效工资包括岗位津贴、生活补贴等。

2. 奖励性绩效工资（年度绩效奖金）

幼儿园对表现突出或做出贡献的教职工，视具体表现情况发放奖励性绩效工资。奖励性绩效工资设立班主任津贴、骨干教师津贴、超额补贴、干部管理津贴和园级绩效工资等项目，每年于学期末发放一次。

三、绩效工资发放

第 4 条 基础性激效工资发放

1. 发放办法

基础性激效工资主要体现经济发展水平、物价水平、岗位职责等因素，与工作人员年度考核挂钩。年度考核合格以上等级的，下一年度基础绩效工资 100％计发；基本合格的，下一年度基础性绩效工资按 80％计发；不合格的，下一年度基础性绩效工资按 60％计发。

2. 发放形式

基础性绩效工资发放根据幼儿园教职工基础性绩效工资发放标准实施。

第 5 条 奖励性绩效工资发放

1. 发放办法

奖励部分的资金分配到各年级组（奖励部分/员工总数×年级组人数），根据《幼儿园教职工教育教学工作考核评价方案》，按照德（20％）、能（25％）、勤（15％）、绩（40％）计算出每个人量化考核分数，按考核分数计算出个人奖励部分（年级组总资金/员工量分数×个人分数）。

2. 发放方式

幼儿园教职工奖励性绩效工资按每学年（每年二月和十月）两次考核造册发放。

四、特殊情况说明

第 6 条　教职工病假期间基础性绩效工资发放

1. 本园教职工病假连续或累计 15 天及以上者、停发当月基础性绩效工资。

2. 符合国家规定的婚、丧、产、寒、暑假期间的绩效工资照发，其中奖励性绩效工资可按幼儿园平均水平发放。

第 7 条　处于考核期间或发生下列情形之一的教学工作人员不参与绩效工资分配：（1）脱产学习；（2）解除聘用合同；（3）停发工资。

第 8 条　受处分的工作人员

工作人员受处分且在处分期的基础性绩效工资发放，按照以下标准执行：

1. 受记过处分的按 60％发放，受留园察看处分的按 50％发放；开除的按 40％发放。

2. 受降职处分的，从撤职下月起 24 个月内分别按新聘岗位的基础性绩效工资标准的 60％发放。

3. 受撤职处分的，从撤职下月起，24 个月内分别按新聘岗位的基础性绩效工资标准的 50％发放。

4. 在师德方面，对于违反了《教师法》、《幼儿园教职工职业道德规范》及其他有关规定，除按相关法规处理外，绩效工资按上述要求发放。

五、附则

第 9 条　本办法自公布之日起执行。

第 10 条　幼儿园办公室负责本办法的最终解释。

MIMI 老师在 E 顾问的指导下比较系统地学习了幼儿园的人力资源管理，但在幼儿园的行业，大部分的幼儿园都没有规模化，专职人力资源工作者少，有许多幼儿园都是园长自己管理人事，希望还能多学习一些教师团队的经验，下面这章内容希望我们每一位幼教管理者都能全面掌握。

第七章
幼儿园教职工团队管理

女性员工多，90后员工多，这是当前幼儿园人力资源管理的突出特点。

幼儿园管理者从实际出发，认识人力资源管理的特殊性，采用符合其特点的策略和方法，对员工多一些理解和宽容，设身处地为员工着想，就能收到事半功倍的效果。

第一节 如何留人

近年来幼儿园发展迅猛，人才需求很大，工资待遇没有竞争力，造成人员流动性非常大，特别是一些小型幼儿园更难招到正规学前教育专业的老师。如何留住教师，特别是留住优秀的教师，是幼儿园很重要的事情。根据幼儿园的特点，介绍常用的一些留住教师的技巧。

一、感情留人，多赞赏和鼓励员工

面对幼儿园教职工为多女性的特点，我们把感情留人放在第一位。感情留人强调的是非物质性激励。有时，由于各种原因的限制，幼儿园管理层不能随便运用物质性手段，即不能随便加薪、升职、发奖金来激励员工。但可通过语言来激励，如：领导者的一句"你做得很好，请继续努力"，或者直属领导者的一句"谢谢你，辛苦了，我会为你争取的"，就会让员工感到很舒服，备受鼓舞。

其实，感情留人，除了在适当时机给员工打气外，平时还需要多与员工密切沟通，了解他们的真实想法、兴趣、爱好、价值观、处事风格、做人原则等，以便大家更好地在工作中配合，扬长避短。特别是直属领导者更要密切联系下属，了解每个人的优、弱势，知人善用，将每个人的潜能充分发挥出来，诚恳听取下属的意见，任用合适的人，将恰当的人放在恰当的位置上，以免浪费双方的时间，或造成不必要的损失。

了解员工的思想状况，润物无声，解决员工实际问题，消除员工思想包袱，关心员工成长，统一员工思想，用务实的、富有人情味的态度，赢得员工的信任与支持，进而达到留住人才的目的。员工生日宴、员工娱乐设施建设、员工就餐等的人性管理的深入和提高，还可以与员工的家人保持沟通，从家人那了解更多一点员工的状况，有时员工有思想波动还可以通过其家人来做思想工作等，实现感情留人。

管理学教授格雷厄姆就工作场所潜在的激励因素做了一项研究。结果发现，员工最重视的五个激励因素中，有三个与赞赏、鼓励有关，即出色完成工作任务后，领导者亲自致谢、领导者书面致谢以及个人得到公开表扬。在现实的管理中，的确也是如此。试想一下，无论员工取得了多么大的成就，其领导者总是一言不发，好像事不关己一样，员工将会认为这个领导者非常苛刻、冷漠、没人情味，长此以往，员工的自尊被摧毁，自信被打击，智慧被扼杀，上下级的关系步入井水与河水之处的境地，员工的工作绩效、工作热情自然也会每况愈下。但若是经常赞赏和鼓励员工，不仅会让员工树立自信心，充满成就感，还会唤起员工的工作激情，激发他们的创意。同时这种经常性的赞赏和鼓励也对建立融洽的上下级关系起到"推波助澜"的作用。所以说，在管理中，幼儿园的管理者不要吝啬赞赏和鼓励的语言。正如管理大师坎特所说：薪酬是权利；认可是礼物，在工作中多给一点开口即成的礼物，让员工快乐的同时让自己也快乐，何乐而不为呢！

管理小贴士

一家幼儿园规定，为工作满半年以上的员工建立"孝顺基金"：每个月员工出 100 元，幼儿园出 100 元，共 200 元存到员工爸爸或妈妈的银行帐号上，双方共同孝顺父母。

二、事业留人，给员工一个愿景

幼儿园必须不断做大做强，扩大自身规模，提高效益和知名度，提升品牌效应，形成幼儿园与员工之间的良性互动。让员工做到在学习中成长，在工作中发展，自身业务水平提高的同时自身的价值也得到提高。在幼儿园管理中，向幼儿园内部的成员描绘幼儿园未来的发展战略，这不仅会给他们带来不可想象的前进动力，更是为她们后续的工作指明了奋斗的方向。

大量的事实表明，当幼儿园的愿景契合了人才内心真正的愿望时，将会产生出一种强大的驱动力，能使人才极具敬业精神，自觉投入，乐于奉献。因为在他们看来此时的工作不仅是谋生手段，更是一种组织责任，无形地推动着她们为了这个责任的完成而努力奋斗。因此，在描绘幼儿园未来的发展前景时，不妨也多向员工阐述幼儿园的目标实现会给其带来何种共享利益，从而达到将幼儿园的愿景与员工的发展紧密相连的境界。

管理小贴士

根据中华英才网的调查，他们从"全面薪酬"、"品牌竞争力"、"组织文化"三个方面对大学生们选择第一份工作首要考虑的因素进行了调查，59%的人认为"有竞争力的薪资"是首要因素，另外59%的人认为是"培训发展的机会"，58%的人首要考虑的是单位在业界的影响力。这反映出三个因素对于大学毕业生来说是最重要的衡量因素。

大多数人都希望能在一个幼儿园做出成绩或成就，得到领导者、同事及幼儿园高层的认可。一个人的发展离不开宏观大环境的制约，例如幼儿园的环境、行业的环境、社会的环境。幼儿园不能控制社会的环境，但它有义务、有能力营造一个好的创业环境给员工。这个环境包括软环境和硬环境。软环境指的是：人际关系、工作气氛、同事配合程度、管理风格，幼儿园领导人、直属领导者的品德、学识、魅力等。硬的环境就比较容易理解，如办公环境、绿化、设施、安全性等。而幼儿园要为每个员工的发展提供一个事业平台，让他们在工作中与幼儿园一同成长，并且要将个人利益与幼儿园利益紧密连结一起，才能激发员工全力以赴的内驱力。雇主都希望雇员不顾一切、忘我地为自己奋斗。但如果只对幼儿园有利，员工是很难自觉地、心甘情愿地为幼儿园奋斗的。因为根据马斯克洛的需求理论，人除了有生理、安全的需要，还有社会认可的需要、尊重的需要及自我实现的需要。如果这些深层次的需求未得到满足，员工就不会认可幼儿园，那种发自内心的驱动力就无法发挥出来。事业留人，有许多途径。每个幼儿园具体的做法会有不同。

1. 幼儿园可以设计管理职业通道和技术职业通道。业务能力强的人可以通过不断的挑战在技术上发展，擅长管理的员工可以在管理方面提升自己；

2. 让员工具有挑战性，有更大的发展空间，而这种提升能起模范作用，较好地激励广大员工；

3. 帮助员工实现其愿望。幼儿园内最得力的员工往往可能会另谋发展，甚至可能投奔竞争对手，管理者唯一能做的就是帮助其实现自己的愿望，做为内部股东。

教学老师职业发展通道

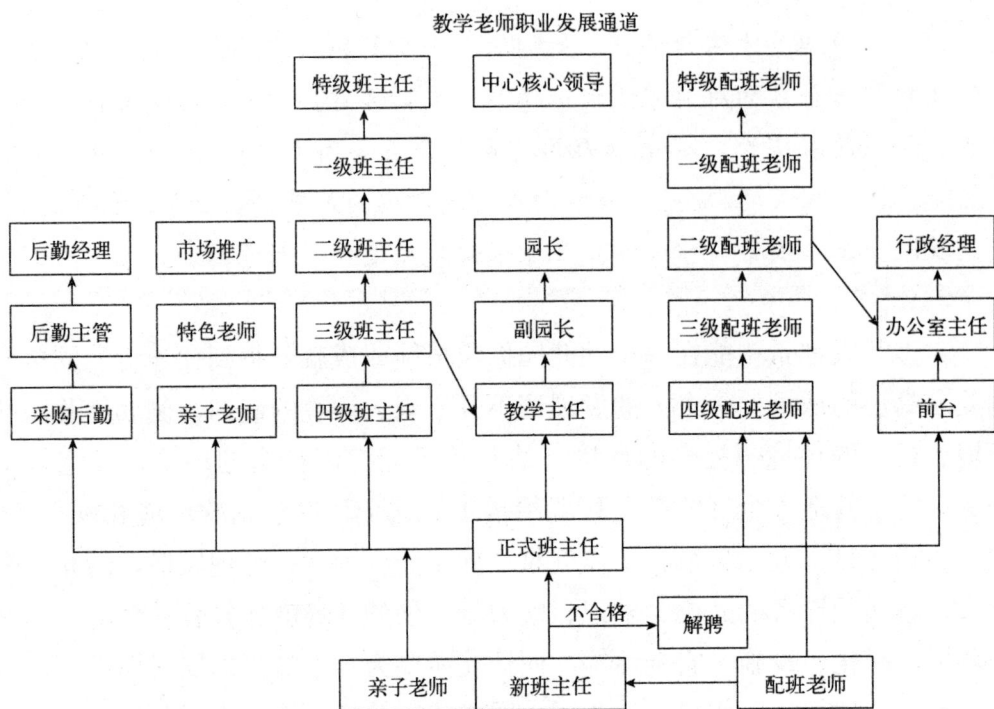

三、留住新生力量，呵护新员工

幼儿园要留住人才，首先在招聘过程中一定要把好关，保证所招聘来的人员是合乎幼儿园需要的"合适人才"，这样幼儿园后续的留才策略才能对其行之有效。若是求职者仅将幼儿园当跳板，充当的只是一名"匆匆过客"的角色，那无论有多少留才妙招都只能是"对牛弹琴"，毫无价值。新招员工要特别的关注，新入职的员工就如新种的树苗，更需要浇水、打桩固定防止风吹倒等，他们有的技能不够好，还不能胜任本职工作，有的换了个陌生的环境会产生更大压力，往往这个阶段的人员需要多关注和理解。

四、薪金仍然是留住人才的第一要素

要想留住人才，具有竞争力的薪酬是一个无法回避的问题，其就如同高楼大厦的根基。若是缺失这个根基的稳固性，那留才策略只能是空中楼阁。翰威特咨询公司曾对中国不同行业做了一次调查，结果表明，薪金仍然是留住人才的第一要素。给人才具有竞争力的薪酬，从某种意义上讲，既是人才满足基本物质需求的需要，同时也是对人才价值在物质层面的认可，无形之中将会增强人才的荣誉感和组织归属感。至于什么样的薪酬才能称为具有竞争力的薪酬，幼儿园可从两个方向来解释竞争力：第一就是与幼儿园同行同类岗位的横向比较，审视幼儿园的薪酬所处的层次；第二就是在组织内部进行纵向薪酬比较，审视幼儿园关键人才的薪酬是否在幼儿园内部同样处于"关键"位置。正所谓好马配好鞍，喂好草才能跑得快，对于关键性人才给予"关键性"薪酬不仅是一种显性的价值回报，更是对其隐性的一种鞭策。还可以运用一些长期的、更人性化的手段，如员工生日会、生日礼物、外出旅游、住房贷款、长年服务奖、个人保险计划、退休奖金、优惠供车计划等。

管理小贴士

广东汇丰电子资料处理有限公司独创"两年约满服务奖"。以前，这个公司的员工流失得很厉害，后来，人力资源部想了一个办法，就是新来的员工要签约至少两年。两年服务期满后，就有一个"两年约满服务奖"，这个奖相当于员工平时的两个月左右的工资，如果员工不中途离职，能坚守两年，就会拿到公司给的这部分奖金。这是对大家都有利的方法。通过这种方式，汇丰公司就成功地将人员流动大的问题解决，员工及公司都各有得益了。

五、技术留人，打造个性化的培训

幼儿园的发展离不开培训，人才的成长当然更是离不开培训。对于幼儿园的人才来说，其不仅关注眼前的现实利益，自己能否在幼儿园得到进步和成长，幼儿园能否为其提供学习的机会也是他们十分关注的。正如一位业内人士所说，如果一个人具备有市场价值的工作技能，就意味着可以在市场上获得更高的薪酬。然而，如果园所重视帮助员工学习与成长，那么他们更可能愿意留在幼儿园，因为他们知道园所真心关注他们的最大利益。同时培训也是幼儿园塑造人才、提高竞争优势的重要手段之一。对人才开展培训，既可以增强幼儿园的核心竞争力，促进幼儿园战略目标的达成，也有利于将员工个体目标与幼儿园战略目标进行整合和统一，满足员工个体的自我发展的需求，提高员工的组织归属感，增强幼儿园凝聚力和向心力。当然在为人才提供培训的机会时，一定要遵循个性化和实用性的原则，力争将员工的培训要求与幼儿园的发展战略二合为一。

六、用好"回头草"，欢迎离职人才回来

中国有句俗话叫"好马不吃回头草"。但在今天看来，作为幼儿园的一方不仅需要摒弃这种思想，更是要营造一种欢迎好马吃回头草的氛围和机制。在人才竞争激烈的今天，得人才者得天下，让离职人才再次回到幼儿园重操旧业，不仅可以给幼儿园的人才竞争力增色不少，更是可以带来诸多益处。其一，可以大大节省人力成本。美国《财富》杂志研究发现，一个员工离职后，企业从寻找新员工到顺利接受所花费的人力成本高达原职员工工资的 1.5～2.5 倍，而关键人才的替换成本更是不可想象。其二，可以在员工心目中树立企业以人为本、宽容大度的形象。其三，此举将会增强企业的向心力和凝聚力，尤其是对那些"吃回头草"的人来说，他们将会更加珍惜现有的工作就会，为幼儿园的发展鞠躬尽瘁。除此之外，对内部人才也可以起到一个很好的警示作用，告诫他们，外面的世界很精彩，外面的世界也很无奈。

七、工作与生活和谐

快乐无处不在，倡导教师找到自己工作的乐趣，倡导快乐地工作，让我们的生活变得多姿多彩、充满激情和富有幸福感。开设专题座谈，先后围绕着"我们除了工资还要什么"、"你对今天的工作满意吗"、"你能描绘'优质人生'画像吗"等问题为引导，打开缺口，全力拓展。我们可以把"态度第一"定为关键词，认为态度决定着一切工作的开始，态度能帮助我们越过障碍，能激发自我成长。把教工快乐工作作为一种形象的设计，

让大家在共鸣中共同描绘出"优质人生"的自画像，总结出关于工作、家庭、财富、消费、言行等方面的境界，更重要的是让大家拥有"快乐工作"的精神追求。

八、永不放弃，做好离职面谈

有些幼儿园认为员工申请离职，就是对幼儿园不忠，是即将要泼出去的水，对其再进行离职面谈简直就是浪费时间。殊不知，在离职面谈中也大有留才文章可做。如三国时期的刘备，听闻徐庶即将被迫身赴曹营救母，顿时大哭，在饯行时亲自为徐庶牵马，送了一程又一程，不忍分别，最终迎来了更胜一筹的诸葛亮。与离职员工开展面谈，不仅可以得到幼儿园在管理方面存在问题的真实反馈，为幼儿园后期的改进提供依据，而且能很好地将幼儿园重视人才、尊重人才的精神传递给离职员工，树立幼儿园以人为本的形象，此举对于增强幼儿园的人才吸引力也是大有益处。而若是幼儿园对离职员工冷漠、百般刁难，其不仅对挽留人才于事无补，更是会将幼儿园多年苦心经营的良好形象毁于一旦。

九、工作内容丰富化，提供更多展现员工的工作机会

工作内容丰富化是指在工作中赋予员工更多的责任、自主权和控制权。工作丰富化与工作扩大化、工作轮调都不同，它不是水平地增加员工工作的内容，而是垂直地增加工作内容。这样员工会承担更多的任务、更大的责任，员工有更大的自主权和更高程度的自我管理，还有对工作绩效的反馈。工作丰富化的核心是体现激励因素的作用，实现工作丰富化的条件包括以下几个方面。

1. 工作丰富化的方法 鼓励下属人员参与管理，鼓励同事之间相互交往。放心大胆地任用下属，以增强其责任感。采取措施以确保下属能够看到自己为工作和组织做的贡献。最好是在基层管理人员得到反馈以前，把工作完成的情况反馈给下属。

2. 增加员工责任 赋予员工一定的工作自主权和自由度，给员工充分表现自己的机会。员工感到事出有因，工作的成败需要依靠他的努力和控制，从而认为与其个人职责息息相关时，工作对员工就有了重要的意义。实

现这一良好工作心理状态的主要方法是通过完善岗位（或职务）说明书，明确各岗位的职责，给予员工工作自主权。同时还需要帮助员工打破怕承担责任的心理。

3. 将有关员工工作绩效的数据及时反馈给员工　了解工作绩效是形成工作满足感的重要因素，如果一个员工看不到自己的劳动成果，就很难得到高层次的满足感。反馈可以来自工作本身，也可以来自管理者、同事等。

管理小贴士

岗位轮换式：从骨干开始，让有发展前景的人定期进行换岗，尤其是部门之间的岗位。例如，设定"代理的园长日、保教主任日"，这种横向和纵向的互换，不仅满足了个人的求知欲、扩大了知识领域，也增加了组织结构的灵活性和弹性的空间。既拓展了他们的能力空间，又能在人员结构的互补上达到理想的效果。能让每位教职工不仅明确其他岗位的职能，更感受到每个岗位所特有的压力和在协调中的相互理解与支持，从而形成达成目标的向心力和凝聚力。

第二节　90后员工管理

某幼儿园 15 日发工资，16 日一位班主任就"人间蒸发"——宿舍人去楼空，电话关机……半个月工资也不要了，这种情况出现在 90 后的教职工队伍中不是偶然，这就是 90 后员工时代的到来。MIMI 老师向 E 顾问请教 90 后员工管理，E 顾问告诉 MIMI 老师，对于 70 后、80 后来说，工作是人生中最重要的事，是养家糊口的必然途径，因为没有这份收入，生活就会受到影响。可是对于 90 后的新生代而言，工作只是生活的一部分，工作是用来丰富生活的，所以有很多宅男宅女出现了，因为不工作父母亲照样还可以养着他们。看看下面这张表会更加清晰。

70后的"五子登科"	90后的"新五子登科"	分析
车子	车子	90后新生代认为金钱很重要，但面子、位子及工作的乐趣比钱更重要，90后新生代恋爱不是完全为了结婚，生儿育女还常常有"只生不养"的现象。
房子	房子	
票子	位子	
妻子	面子	
孩子	乐子	

一、90后群体的主要特点

文化上由崇美到迷韩、喜欢快餐文化，对东西方文化都是一知半解、没有经历过风雨洗礼，不迷信权威、不畏惧权贵。

90后的员工的"六高六低"

1. 离职率较高，忠诚度较低。
2. 学习欲望强，责任心较弱。
3. 创新意识较好，缺乏团队精神。
4. 工作节奏快速，抗压性较差。
5. 自我实现更高，职业定位模糊。
6. 个人兴趣更浓，敬业精神欠佳。

二、职场特征与应对管理方法

职场特征	应对管理方法
张扬与自我	让他们多参与，而不是灌输与命令
责任感与合作意识弱	分工明确，强调团队业绩
工作成就意识强	可以不理解他们，但不可以视而不见
频繁跳槽的职业发展	他们宁愿失业，也不愿容忍自己的价值被忽略，制定快速胜任培养机制，储备员工，一岗多能，万一员工离职马上有人顶上

三、走近他

面对新近就业的老师大部分都是90后了，我们不要一味地想去改变他们，我们做为管理者先要调整自己的心态。

首先，不要一开始就把他们标签化，从心理上接受并包容 90 后的缺点。90 后员工缺乏社会经验，心理承受能力也更差，如果出现错误，一定要包容、鼓励，用发展的眼光看待后 90 后，多看看他们的优点和进步，相信他们迟早会成为幼儿园的栋梁和骨干。其次要对他们有耐心，给他们一些时间，相信他们一定会做得越来越好。最后，走进他们的内心世界，采用比较亲切的、鼓励性而非谴责式的管理方式，以朋友身份谈心、夸奖等，以教练、家长、老师、同事、朋友等多重身份相结合加以正确引导。同时，管理者不要一味地要求他们来适应自己，而可以采取主动的姿态去适应他们。但适应不是迁就，而是原则性地开放与融合。多用教练式管理方法。

序号	传统管理者	企业教练
1	讲得多	听得多
2	指示多	提问多
3	补救多	预防多
4	限制多	承诺多
5	假设多	挖掘多
6	距离管理	关系密切
7	要求解释	要求成果
8	员工基于命令去做	员工基于承诺去做
9	讲求规范性	发掘可能性

附一：90 后下属最感动的一件事情

1. 园长在入职第一天就花了两小时与我座谈，一起制定了未来三年的发展规划。例如，每一阶段建议进修的课程和报考的证书等。

2. 自己努力做的一个的 PPT 得到领导的肯定。

3. 现在的领导脱手让我负责整个项目，甚至绩效的制定等决定性的问题也都会让我参与做决定，很谢谢他对我工作的肯定，并给我比较多自主的管理权力，让我完全发挥了自己的能力。在某些关键的问题上没有直接干涉我、批评我，而是给我很多启示，让我自己克服。

4. 有一次领导想要对我的工作内容做出变动，于是亲自找我谈话，当我表明对新的工作内容不十分感兴趣，希望仍然从事原来的工作时，领导充分尊重了我的意见。

5. 在电梯里遇到孙总，孙总很亲切地跟我们打招呼和交谈，让我们既惊讶又感动！

6. 以身作则，取消休假，陪员工共同度过每个加班日。

7. 我有一位敬重的领导，无论她的工作有多忙、有多累，任何人发给她的邮件，她都能够保证在十分钟以内给予回复。几年来，她用她的行动告诉了我，身为一名合格的领导，必须要以身作则、一诺千金，要勇于承担责任。

8. 我做了个数据分析决策，过了很久发现它出现在领导的工作汇报中，虽然是那长篇工作汇报中很不起眼的一页，但是领导在那页报告的顶端特地署上了我的名字，很感动。

附二：90后下属最郁闷的一件事情

1. 上级给我交代的任务，但是却又交代了其他人，之后的回复是忘记交代给谁了。

2. 病假回来后领导见面第一句话是"你身体怎么那么差啊"。

3. 因为布置任务的时候没有搞清楚具体的要求，结果先做成 Excel，然后说要 PPT，最后又说要 Word 文档。

4. 所有成果都没有得到上面的肯定，即使有也是对领导的肯定。

5. 出现问题马上被问责。

6. 领导不与我沟通就对事情下了结论。

7. 上级领导劈头盖脸地先批评一顿，后来才发现原来是领导布置任务时弄错了。

8. 经过历史数据搜集、整理，向领导提交了绩效调整可行性报告，但是迟迟没有得到领导的确认，工作无法开展。

9. 一年四个季度，每次绩效考评说的话都是一样的，员工在这一季度的进步完全看不到，只凭"印象中的员工"进行考评。

10. 由于工作忙碌，领导往往会有些健忘，这样会导致大家在事后的一些工作中产生争议或者是推卸责任，这一点会让人有些郁闷。

管理小贴士

90 后教职工沟通的九大原则

1. 法不咎既往；

2. 率先表明自己的态度和做法；

3. 反对不教而诛；

4. 尽可能寻找共同语言；

5. 批人不揭"皮"，有进步立即表扬；

6. 要想人服，先让人言；

7. 让对方参与，要求对方帮助解决问题；

8. 对沟通对象的生活和家庭密切关注；

9. 沟通就是讲故事，寓教于乐，生动活泼。

四、留住他

1. 职业生涯引导　超过半数的 90 后上班族缺乏工作成就感。没有工作成就感，很难将事业与工作结合，工作没有长期目标，工作效率必然下降。把工作当成生活的一部分，看似洒脱实为自我自大的表现而已。由于 90 后对于未来的目标不清晰，不可能要求他们进行职业生涯规划。只能通过管理人员的积极引导，让他们认识到自己在做的事情对自己的未来有什么意义。可以利用鼓励的方式引导，比如你们通过努力，可以一两年就升任组长、班长之类的称赞式引导。不但可以引导他们明确自己的目标，还可以在潜移默化中提高他们的自信心。

2. 激发工作热情　近六成 90 后上班族没有工作激情。90 后上班族，刚好是工作 0～5 年的阶段，超过半数觉得上班比较累、比较烦，不够主动，得过且过，不满足、这山望着那山高。

3. 给予一对一的指导　一对一指导可以增加 90 后员工的学习乐趣；增进管理人员和员工的感情；90 后的叛逆心理较强，容易做出感性的判断。有了一定感情基础，员工往往更加容易接受管理。可以树立管理人员的权威形象，现在我们管理人员缺乏的就是这种权威形象。

4. 成为团队一员　促进员工之间相互认识、相互交流。新成员进来，要利用休息时间介绍给集体认识，或者让他（她）自我介绍。90 后一般不愿意主动去获取团队协作，加上长时间的生活环境的影响，他们很少能够主动地与人交流，但是他们却有着这样的欲望。要想把 90 后的一代凝结成一个集体，就需要有人来作为粘合剂，调动他们的热情。

第三节　女性团队管理

幼儿园是个特殊的行业，女性员工占 90％ 以上，有的幼儿园甚至是100％ 的女员工，所以业界有一句话叫"幼儿园女人当男人用，男人当超人用"。很单一的性别结构对小孩的成长是不利的，在家庭中也是妈妈陪伴的多些，所以催生了热播的《爸爸去哪儿》电视节目。现在大型的幼教机构也都开始配备男性体能老师，但是整体的女性占绝对多数的局面没法改变，所以让我们来研究一下女性团队的管理。

一、女性团队的特征

1. 女性情感细腻，关注细节，相对男性肚量会小些，嫉妒心、猜疑心会重一些，因此女性团队内部的人际关系可能会较为复杂，所以常有人说"女人堆里是非多"。

2. 女性特殊的生理期、孕期、产期、哺乳期，还要照顾家庭，这些问题都会给正常工作带来一定的影响，现代女性员工身兼工作和生活的压力比男性大。生理上的疲劳和工作压力，会带来心情沮丧、记忆力衰退、创造能力和工作积极性下降等各种身心上的不适应。因此，在工作质量等方面受到的影响比较大。

3. 相对男性而言，女性内心比较脆弱，压力承受能力不强，面对较大压力时不能像男性那样保持冷静和清晰的思维。

4. 女性比较敏感，自尊心较强，经不起批评，有时被领导说几句就容易沮丧或掉眼泪。

5. 而女性又具有很多优点，很适合从事幼师工作，她们温柔体贴、善解人意、心思细腻、亲和力和表达力强，对幼儿特别有关爱的天性。

二、如何管理女性团队

1. 建立"师徒制"，让员工多一份关怀　幼儿园的教育工作不是机械化的大生产，有一定的定式，但更多的是变数，特别女性员工更加需要多些人来关心她，用中国传统的"师徒制"在幼儿园还是很有效的。不光是传授技能，还可以用感情的纽带去影响老师的工作和生活，当然在挑选辅导师傅时要选择那些思想积极乐观、充满正能量、愿意帮助他人又有经验的老员工。辅导师傅也要培训，让他们不单单是工作关系，还要成为生活的伙伴，且给辅导师傅增加一份使命和荣耀，对辅导师傅也有激励作用。

2. 关怀她、提升她　对于女性特别的节日"三八妇女节"、"六一儿童节"、员工生日、子女生日等做特别的庆祝。如三八妇女节可以组织聚餐，或组织一次全体女性员工做一次体检，六一儿童节幼儿园都很忙没办法组织统一的活动，那就可以提前一天给有小孩的女性员工送一份礼物，员工的生日可以统一订一个蛋糕，如果人员储备充足在生日当天还可以调一名教师顶班，让这位老师提前半天下班。

女性领导者更要了解女性每个月的生理周期的情绪变化，如果是男性领导者还可以安排一女性助理特别关注这方面的情况。例如，有的女职工会痛经，这时管理者给她泡一杯红糖水，或教一些缓解痛经的有效方法，员工会特别感动。

针对女性背负家庭、事业双重负担的情况，幼儿园领导应给予一些理解和宽容，并设身处地为女员工着想，如建立育婴所、家庭服务中心等，帮助他们解决实际困难。针对孕期和哺乳期的女性员工，可通过一些弹性的工作设计，减少女性的工作压力，或传授简易瑜伽，组建一个"心理工作室"等。

管理小贴士

工作生活化，利用好家长这个无穷的资源。某幼儿园在家长中征集女性感兴趣的培训主题：《女性营养》《彩妆与服饰搭配》《女性保养》《如何让夫妻成为一辈子的情人》《压力管理》等，果然家长中有能讲这方面主题的资源，于是两个月一次的女性主题教职工培训由此展开，老师们觉得很受用，还打破了平时一培训女老师就找借口的现象。同时在家长中也形成幼儿园不仅是关心老师工作，也关心老师的生活的良好印象，起到了很好的口碑宣传效果。

3. 刚柔并济，多表扬少批评 女人是感性的动物，虚荣心较强，作为领导应该要对她们多表扬少批评，多赞美她们，多理解她们，多和她们交心，这样她们心里会乐开了花，工作积极性也会得到提高。

注意：女同事之间发生矛盾时，要注意协调的方式方法，若处理不好就会一发不可收拾。最好不要在两个人正在气头上去调解，要先弄清楚她们之间有什么矛盾，等她们气消一半了，再一个个去做思想工作，要以事实为依据，不要偏向帮哪一个。

4. 做好人才储备 因为女性有特殊的生理特点及绝大多数女性永远会以家庭为重，突发事情较多，如遇怀孕、小孩生病、或家中有新的生意拓展等，促使女性员工会放弃自己的工作，导致人才短缺，如果没有处理好就会引发一系列的问题，如一个班级突然换了一个老师，原来的老员工压力会加大，又会引起员工的波动。所以幼儿园的人力储备非常重要，要建立人才"蓄水池"，以缓解女性员工休假等带来的缺位。在幼儿园编制满编时额外储备1~3名老师，遇到特殊情况时马上可以顶上，且老师富余时更多的就要考虑团队成员相互之间要定期进行轮岗，让大家相互熟悉他人的工作。还可以建立储备干部制，一旦有人员缺位，就可以马上可以安排"替补队员"顶上去。

5. 培养积极向上的职业女性 女员工易安于现状，不思进取，因而要注意加以适度的引导。要多灌输现代职业女性职业观：自立、自强，"男人赚钱是责任，女人赚钱是价值"，给她们有责任的工作，促使她们在工作中树立起职业意识和事业心，从而改变这种不良倾向。但也不能给她们过于沉重的压力，令她们无法承受，而应在刚开始给予责任较轻的工作，以后再慢慢地酌情加重，让更多的员工成为职业女性。

事实上没有一种能对付所有女职员的有效办法，任何一种自认为高明的策略都是徒劳的，只有坦诚相待才是最佳方案。

后 记 | Postscript

我的第二个"女儿"

2013 年 12 月 2 日是女儿的生日。当亲友们散去时，我一个人来到书房打开电脑、敲起键盘。一年多的时间里，在车上、窗前、幼儿园、讲台上常常思考一些书中细节，一个个黄金周常常是我独守空房的"写作黄金周"。十多年来，宝贝女儿是推动我前进的最大动力，这本书是我的处女作，我倾入很多感情把她当作我的第二个"女儿"！曾经在幼儿园一线工作过，深知幼教管理者要放下事务专门学习幼儿园人力资源的机会不多，所以在强调价值观点时，力求简单实用。书中各个章节讲完原理，就给工具、举实例，通过人物故事为线索，用解决问题的方式推开幼儿园人力资源管理的"选、用、育、留"，让读者学习目的更明确，学习思路更清晰。读者可以进行全书内容的学习，也可以根据自己的需求选择学习相关章节。

使　　命

目前幼儿园的人力资源管理有个不利的现象：大专院校和职业学校，每年有大量幼教专业毕业生走上工作岗位，但是幼教人才还是大量紧缺。为什么在学校满怀激情的幼教学生，到了幼儿园实际工作中转行的比例如此高呢？有时代的原因，也与我们幼儿园的管理者也有很大的关系。一方面，新生幼师本身的技能、经验、素质达不到真正合格的幼师标准，造成单位不能给予较高的待遇；另一方面，许多幼教管理者不懂人力资源的管理，没有进行系统的人力资源管理学习。幼儿园的园长学习比较多的是教学方法，这样造成大量的幼师跳槽改行了。我最初是做幼儿园招生营销策划，当看到这种现状时，第一本书就以幼儿园教职工队伍管理为主题，我想这是一份使命！

感　谢

感谢万婴教育集团黄平董事长，因为他，我才走进幼教这个行业，感谢来自台湾的蔡远方老师，是他推荐中国农业出版社黎老师来到我的课堂——《幼儿园精英园长特训营》学习，才使我萌发写作的念头。

感谢马一鸣老师对全书结构的指导，感谢好友甄书恒、中国民办教育协会黄为先生等众多专家的大力支持，让本书内容更加完善。

感谢在网络中提供许多珍贵资料的专业人员，遗憾因原作者不详无法一一署名感谢。

本书还有很多不足，欢迎国内外人力资源管理专家、学者，幼儿教育专家及读者对本书提出宝贵意见。

作　者

2016 年 1 月